気づいたら、親と同じことをしている

苦しかった
「親の子育て」を
くり返さない方法

発達脳科学者・小児科医
成田奈緒子

幻冬舎

気づいたら、親と同じことをしている

苦しかった「親の子育て」をくり返さない方法

はじめに

私は35年以上、小児科医として子どもの脳の発達に関する問題を研究してきました。そうした中でいつも感じていたのは、「子育てをする親御さんにとって、不安のおおもとは何だろう」ということでした。みなさん、あまりに頑張りすぎているのではと感じるのです。

よくある不安としては、「周りの子と比べて、自分の子が劣っているのではないか」「とにかくいい大学に入れなければと思って、子どもの勉強や受験で頭がいっぱいになる」。

たとえば「大学には行かなくてもいい」と子どもに言っているいっぽうで、無意識のうちにいい大学に行くことを望んでいるのです。子どもはそれを敏感に受けとめます。

つまり、こういった相談に共通するのは、「親御さんが無意識のうちに子どもに完璧を求め不安になっている」ということなのです。そんな親の不安を感じとりやすい子どもは、いっそう不安になります。

こういう事例の多くは、親御さん自身が、厳しく育てられてきたことで刷り込まれた価値観が投影されています。

もちろんそれは悪い側面ばかりではありませんが、それによって親子がうまくいっていないのであれば、一回立ち止まってほしいのです。厳しく完璧主義で育てられてきて苦しかったにもかかわらず、子どもに同じことをしているのではないか、と。

親御さんにとって、子どもに同じレールを敷いてあげたい気持ちは痛いほどわかります。しかし自分と子どもは違う人間であり、自分が生きてきた時代と子どもが歩む未来は大きく変わっていきます。子どもが、これからの不安定な社会で必要な人間力を身につけられるように、一緒に取り組んでいただけたら嬉しいです。

この本では、知らず知らずのうちにあなたに刷り込まれてきたもの（価値観）の正体を知っていただき、自らを縛り付けている〝呪縛〟から離れましょう。そのあとには、発達脳科学に沿った私のメソッドを実践していただければ子どもは自然に変わっていき、親子関係も素晴らしいものに変わっていきます。そうした方々を多く見てきている私だからこそわかります。

また、私のところにいらっしゃる方のほとんどがお母さんのため、お母さんに向けたメッセージに感じるかもしれません。でも本書の内容はお父さんお母さん共に当てはまります。多少厳しいことも述べるかもしれませんが、私が親御さん方に感じる愛情は変わりませんので、そんな気持ちで読み進めていただければ幸いです。読み終えたとき、肩の重荷が下りているよう願っています。

この本を通して、最初こそ心配だらけで手もかかる子育ては、子どもが大きくなるにつれ「楽で」「楽しい」ものになるのだと、安心してもらえたら嬉しいです。

CONTENTS

第3章

親の価値観を手放すと、自分の子育てが見つかる

第4章 発達脳科学で見る「脳育て」の方法

第5章 子どもの脳を育て直す「ペアレンティング・トレーニング」

第6章　頑張りすぎているあなたへ

第1章

子育ての不安はどこから生まれているのか？

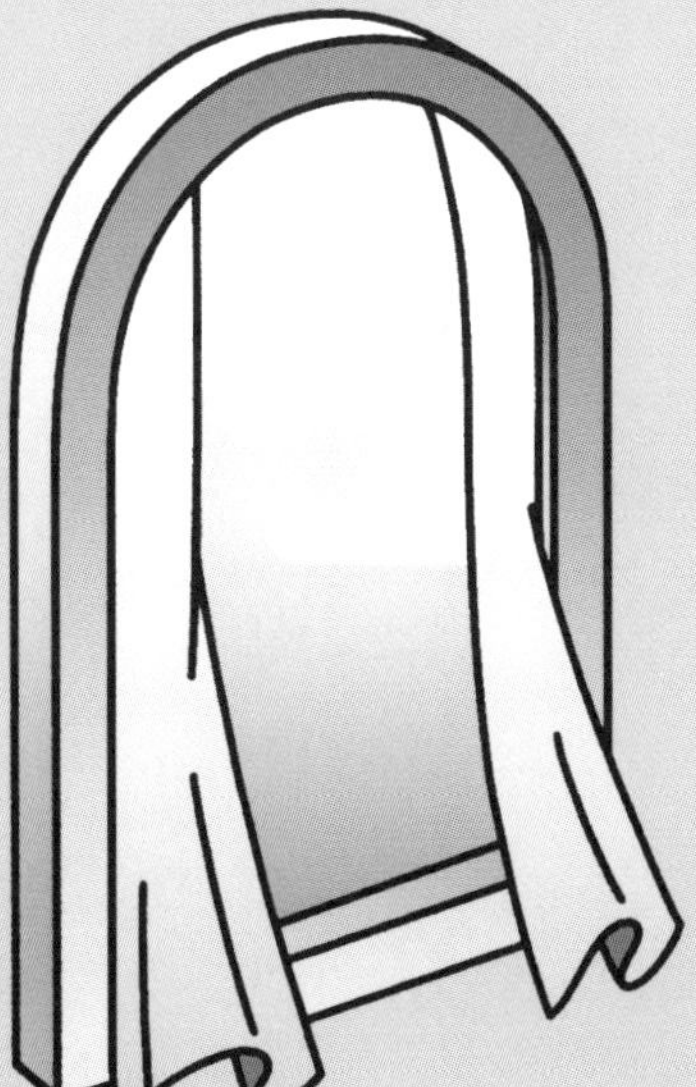

今日も子どもに関する悩み相談が殺到する

私は教授として大学で学生に講義をしながら、千葉県流山市で子育て支援事業「子育て科学アクシス」（以下、アクシス）を運営しています。この流山市は今、子育てがしやすい街として人口増加率は全国トップクラス、各行政からも注目されているところです。子どもが生まれる前から就学後まで手厚いサポートもあり、共働きの世帯が数多くいます。

もともと都心に近いということもあり、この地域は教育熱心な親御さんがたくさんいます。ですから、このアクシスにも赤ん坊のいる方から高校生の子どもを持つ方まで、子育てに悩んでいるお母さんたちがひっきりなしに相談にいらっしゃいます。

たとえば、幼児の子育てに関する相談なら、

「うちの子は寝かしつけてもなかなか寝ないんです」

「もう1歳近くになるのに、まだ立つこともできないんです」

「もう3歳をとっくに過ぎているのに、まだおむつが取れないんです」

といった悩み相談です。

幼稚園や保育園に通う子どもに関する相談なら、

「うちの子だけみんなと同じ行動ができないんです。1人だけ落ち着きがなく、園の先生から指摘されました」

「お友達を叩《たた》いたり、悪口を言ったり、いつも迷惑をかけて先生から叱られてばかりです」

「うちの子だけまともにお絵描きができないんです」

「お友達と仲よくできず、いつも1人でおとなしすぎるんです」

という、お母さんからしてみればかなり深刻な相談を受けます。

小学校に通う子どもに関する相談なら、

「習い事をさせていますが、ほかの子と比べて習得が遅いんです。何をやらせてもうまくいきません」

「勉強しないで、スマホのゲームばかり。取り上げようとすると暴れるんです」

「今の成績だと、志望中学へは行けません。もっと集中して勉強してほしいのですが……」

といった学習に関する相談が多数を占めます。

もちろん、子どもが学校へ行けなくなって引きこもってしまったり、家庭内暴力だったりといった切実な相談もあります。

おそらく、悩み相談に来る親御さんは最悪な事態を想定して、その前に何とかしたいという思いでいるのでしょう。しかし、そんな方たちに私は違和感を覚えざるを得ません。子どもの年齢を考えれば、それらは当たり前のことだと思っているからです。

真面目に頑張ってしまう親御さんのある日常

子育てに悩む親御さんに共通するもの、それは「不安」というひと言につきます。

そして、もう1つ共通するのが**「真面目な人」**という点です。とくに真面目で常に不安を抱えている方は、すべてを完璧にこなそうとします。

そうした方の日常生活はたしかに完璧です。たとえば、娘さんを幼稚園に預けているあるお母さんの1日はこんな感じです。

料理・お弁当・仕事をこなす現代のお母さん

今日も朝早くに起きて子どものお弁当と朝食をつくります。子どもの健康を考えて冷凍ものはいっさい使いません。そして、子どもの喜ぶ姿を想像しながら毎日キャラ弁にします。今朝は娘が大好きなアンパンマンのドキンちゃんにしました。

今日は久しぶりにいい天気です。昨日たまった洋服を洗うため洗濯機を回して、子どもを起こし、朝ご飯を食べさせます。その間、洗濯物を干し終えると娘の幼稚園の用意です。忘れ物がないかチェックして、かばんにお弁当と持ち物を入れていきます。子どもの洋服をそろえ、着替えさせたら子どもを送り仕事へと向かいます。これで朝は完璧です。

そして夕方。仕事が終わりひと息つく間もなくスーパーで買い物をすませ、預かり保育を終えた子どもを幼稚園に迎えに行きます。帰るとすぐに夕食の用意です。食事はもちろん完璧。毎週つくる献立にそって料理をします。子どもは今日もアンパンマンに夢中です。ビデオを消されるのを嫌がる子どもをお風呂に入れてから一緒に食事をします。その後も子どもはすぐには寝ないでテレビに夢中です。仕方なく食器を洗って片づけ、明日の子どもと自分の仕事の準備をします。

夜9時を過ぎました。そうしている間に夫が帰宅。夫が適当に子どもをあやしている間に、つくっておいた料理を温め直して夕食を出します。夫が食事をしている間に子どもを寝室に連れて行き寝かしつけ、うとうとするところを我慢してリビングへ戻り、今日あった子どものことについて夫に話をします。幼稚園で落ち着きなく行動していることを先生に注意されたからです。

夫はうんうんとうなずくものの、時折スマホを手にして真剣に聞いていない様子。いつものようにあきらめつつも、私が何とかしなければと子どもの行動に関する情報をスマホで検索。ヒットしたのはＡＤＨＤ（注意欠如・多動症）という言葉。もしかしたらうちの子は障害があるのかもしれない。何とかしなければと、翌日はＡＤＨＤに関する本を数冊買って帰るのです。

また、小学生の子どもを持つあるお母さんは、成績が上がらない小学3年生の息子さんに悩んでいます。

塾の勉強を管理、両親で把握する

前回のテストの成績が思うように伸びず、とくに成績が悪かった算数を何とかしなければと、先日本屋でドリルを買ってきました。このままでは中学受験に失敗してしまう。ほかの子はじゃんじゃん解ける計算を子どもはかなり時間がかかっています。学校から帰ってきたら一緒にドリルをしようと子どもの帰りを待ち構えます。

あさっては塾でテストがあり、何としても苦手な算数の点数を取らせてあげたい。そんな気合を入れていると子どもが学校から帰ってきました。

おやつを食べている子どもにドリルを開き、付きっきりで勉強を始めました。やはり割り算のところでつまずいています。

「これは簡単でしょ。こうすればいいだけなんだから。できるはずよ。これをもっと速く解かないとテストの時間がなくなっちゃうでしょ。ただの計算なんだからね」

子どもが理解してくれているのか半信半疑ですが、とにかく計算のやり方を少しは理解してくれたようでホッとしました。

「そのページだけ急いでやって。塾に行く時間に遅れちゃうから」

子どもを塾に送り出して帰宅すると、夕食の準備を始めます。子どもは2時間後に塾が終わるので、迎えに行くまでにつくり終えなければなりません。週末にまとめ買いした野菜やおかずを手際よく調理していきます。

時計を見ると、もう迎えに行く時間です。今日は塾の先生に苦手な算数に力を入れてもらうよう話をしようと思って早めに家を出ました。中学受験に間に合うかを先生に確かめなければという思いでいっぱいです。

子どもと一緒に帰宅し、お風呂、夕食をすませてから夜9時までは子どもの自由時間と決めています。息子はソファーで横になりながら最近持たせたスマホでゲームをしていましたが、時間がきたのでスマホを預かり、学校の宿題と塾の勉強を始めるよう机に向かわせました。

間もなくして夫が帰宅し、彼はすぐに子どもの部屋へと向かいました。おそらくちゃんと勉強しているか見に行ったのでしょう。10時近くになり夫と一緒に食事をしながら、今日、塾の先生に言われたことを夫に話し始めました。

「先生はまだ3年生だから、しっかり基礎を身につければ大丈夫ですよと言ってくれたんだけど、ほかの子より明らかにできないから何とかしないと。あの子がもう少し受験のことを考えてくれるといいんだけど。あなたからもやる気を出すよう言ってね」

夫も妻が買ってきたドリルの息子の答えを見ながら「なぜ、こんな簡単な計算ができないんだ」と顔をしかめました。

「今のうちから苦手科目をつくると、その克服にも時間を取られるからな。このドリルを毎日やるしかないな」

仕事がまた１つ増えました。明日から毎日ドリルを解かせて子どもの苦手意識をなくさないといけないと思いながら、洗い物を片づけている間も頭の中はそのことでいっぱいになりました。

どうでしょうか。2つの例を挙げてみましたが、自分にもかなり当てはまっていて、共感すらする人もいるのではないでしょうか。これは子どものことを心配するゆえに真面目に頑張ってしまう方の典型的な日常です。

しかし、こうした日常を過ごしている先には、子どもの突然の引きこもりや家庭内暴力といったことが往々にしてあります。私はそんな家庭をたくさん見てきているので、真面目で一生懸命な方ほど危険だと思っているのです。

「正しい子育て」があるように見える時代

子育てで不安になる親はずっと増え続けています。その原因は何か。私は子どもを対象とした精神心理疾患の外来診療を始めた1998年からずっと、「不安な親はどうやって子育てをするのか」ということに注目してきました。

その翌年娘を産んだ私は、赤ん坊を持つ親なら誰でも抱く不安というものを身をもって知りました。ほんの小さな体で「息をしているのだろうか」と思うほど静かに眠っている娘の姿を見て本当に心配しかありませんでした。

でも、子どもが3歳を過ぎる頃になると、しゃべるようになるし、自分ひとりで着替えもできれば歯磨きもできて、そのうち簡単なお手伝いもうれしそうにやってくれます。

私の心の中は、「この子はこれができる、任せられる」といった「信頼」へと変わっていきました。心配が信頼へ変わっていく。つまり、生まれたばかりのわが子への100パーセントの心配から、少しずつ信頼のボリュームが増えていくということがわかりました。子どもが成人になるまでに、ほぼ100パーセント近く信頼へ変わっていきます。これが本来の子育てです。

しかし、先ほどの例にあったように、真面目で頑張ってしまう方は、「まだできない」ことの方が目についていて心配だらけになってしまいます。そして3歳を過ぎても子どもの成長を信頼できず、先回りしてすべてのことをやってあげようとします。

そういった親御さんは、**子育てに心配なあまり「正しい子育て」を外部の情報リソースに求めます。**

たとえば、早期教育がいいという情報を得たとします。すると2歳、3歳から、英語を学ぶと将来ネイティブのように話せると英語を聴かせたり、音感が備わるといってピアノを習わせたりと多くの習い事をさせます。

そして、自分の子がほかの子より上達しないと心配になって、何が原因かをネットや子育て本で調べまくります。

先日、アクシスに訪ねて来たお母さんは、小学2年生の娘の走り方がおかしいのでは、と心配でたまらないといった様子でした。そこでどうしているのかを聞いてみると、それこそ徹底的にネットで調べて、とてもまれな疾患にヒットして不安になり、相談に来られたのです。

私はそもそも、ネット検索そのものが不安をあおるようになっているとしか思えません。検索すると広告のサイトが上位に来て、次のページ、次のページと続きます。検索魔の親御さんたちは、このしくみで不安になるのではないかと思うくらいです。

日本人は世界でも不安遺伝子が多い民族だった

今の世の中、子育てにかぎらず不安を抱えている人が多く存在します。しかし、不安はそもそも人間にとって遺伝子に組み込まれた当たり前の感情です。

ヒトが原始人であった頃、そこにはたくさんの捕食者たちがいました。それまで木の上で生活していたヒトは、火を使うことによって猛獣たちを追い払うことに成功しました。それでも安心できません。猛獣の遠吠えが聞こえるたびに不安にかられていたことでしょう。つまり、命を守る防御本能という不安から生まれた感情がなければ、ヒトは生きていけなかったのです。

やがて、農耕を始めるようになり、計画して食糧を得ることができた人間ですが、それでもやはり不安はなくなりません。日照り続きで雨が降らない日が続くと不安になりました。その気持ちが、雨乞いの儀式とシャーマン（呪術者）を生み出し、やがては宗教につながっていきました。

このように、不安な感情があったからこそ人間はさまざまな進化を遂げてきたと言ってもいいのです。現代社会は、死という不安は少なくなりましたが、いっぽうで将来が見えないという不安に変わりました。さらに人間関係における不安が増大し、生きづらさを感じる人が増えました。

しかし、不安による回避、すなわちリスク管理は人間にもほかの動物にも備わっています。とくに、もともと不安を感じる人間には脳内物質（脳内ホルモン）が影響しているとされています。

私は不安解消ホルモンであるセロトニンという脳内ホルモンを研究していたこともあり、子育ての不安というものを脳科学の観点から解き明かすということをしてきました。

少し難しい話になりますが、**脳内ホルモンには「3大脳内ホルモン」と言われるものがあります。**

人はストレスを感じるとノルアドレナリンが分泌され、快を感じるとドーパミンが分泌されます。どちらもいっぽうが過剰に分泌されるとさまざまな症状を引き起こすのですが、セロトニンという物質は、この2つのホルモン分泌をコントロールして精神の安定を保ち、心のバランスを整えてくれる働きをします。

しかし、セロトニンは分泌されたあと分解されてしまいます。そのため、脳を構成する神経細胞（ニューロン）をつないでいるシナプスに回収されリサイクルできるしくみが備わっています。

このセロトニンを回収するのが「セロトニントランスポーター」と呼ばれるものです。**これが少ない人はセロトニン不足となり、不安になると言われています。**

実は、**日本人はセロトニントランスポーターが少ないということがわかっています。**

1996年、ヴュルツブルク大学精神医学部のペーター・レッシュらがセロトニン分泌に関係する研究を発表しました。それによると、セロトニントランスポーター遺伝子の型にはSS型、LL型、その2つが入ったSL型とあり、S型の遺伝子を持つ人は不安を感じやすく、L型の遺伝子を持っている人は楽観的な人が多いという研究結果が出ました。

しかもSS型の人はとくに不安を感じやすいということがわかったのです。この**SS型遺伝子は「不安遺伝子」と呼ばれています。**

このS型遺伝子ですが、国や民族によって割合が異なることもわかったのです。実は**日本人は、S型遺伝子を持つ人が多いと判明してきています**（日本小児救急医学会『日本小児救急医学会雑誌 Volume 1 Number 2 2003』p.12-15)。

つまり、日本人は遺伝子的に不安を感じやすい民族と言えます。

そもそも日本列島は地震や台風も多く、自然に対するリスクにも敏感かもしれません。少し余談になりますが、歴史的な観点からも言えることがあります。中国史研究の歴史学者・故岡田英弘氏の『日本史の誕生』（ちくま文庫）よると、日本が誕生したのは7世紀の中国の政治情勢の変化が大きくかかわっていると言います。

当時、隋《ずい》に代わって唐という強力な国家が誕生し、朝鮮半島の勢力図が一変しました。それまで百済《くだら》・新羅《しらぎ》・高句麗《こうくり》という三国時代にあった朝鮮半島ですが、唐と新羅の連合軍によって、友好関係にあった百済が滅ぼされてしまいます（白村江《はくそんこう》の戦い）。

これにより、次は唐が日本を滅ぼしに来るのではないかと不安にかられた日本人は、法治国家として法律の整備を始めるのです。それが701年に編纂《へんさん》された大宝律令だというのです。この律令は日本の国情に合った制度として生まれました。本当の日本史が誕生したのはこの時期だというのが岡田氏の説です。

つまり、日本が誕生したのも、唐が攻めてくるかもしれないという「不安」からだったとも言えるのです。歴史はくり返すと言いますが、明治維新が起きる幕末期も同じ不安からでした。

そう考えると、日本人は不安遺伝子を多く持つ民族だと言われても不思議ではありません。ちなみに、なぜこんな歴史までお話ししたのかというと、こうした知識は子育てにも大事な要素になってくるからです。このことは、のちほど詳しく説明していきます。

さて、不安を抱える人が多い日本人ですが、私たちの祖先からのＤＮＡを受け継いでいるのですから不安になるのは当たり前。それも日本人の特徴だとわかれば少しは不安が軽くなるのではないでしょうか。

ただ、大事なのは**「不安になるのは当たり前」だということに気づくことです。**なぜならば、不安の正体が見えなければ人は視野が狭くなり、とくにその傾向がある子育てにも影響してくるからなのです。

不安な子育てが行き着く子育ての３大リスク

不安でいっぱいになると人は周りが見えなくなります。そして、取り除きたい一心で視野がどんどん狭くなってしまいます。**子どもに対する不安は、実は子どもには関係なく、自分自身の問題であって、それは一種の強迫観念と言っていいかもしれません。**

たとえば、誰かと比べてうちの子だけが違うといった思いは、実は思ったような理想の子どもではないから満足できないのにすぎません。

この章の冒頭に述べた「うちの子だけ算数ができない……」などの悩みは、ネットで調べた結果、ほかの子はスラスラ解けるのにうちの子だけできないなど、ほかの子と比べてわが子に結果を求めているのです。それも自分の不安を解消するためにです。

親本人は真面目な性格ですから、結果を目標にしたら達成を目指します。子どもが小学校に通う頃になると習い事をさせて、教室が用意したコースどおりに進めるという目標を立てるなど、自分の理想像を子どもに求めてしまうのです。

多くの方は、子どもが楽しくやってくれたらそれでいいと言いながらも、「でも、習っているからには……」と口を濁します。この「〜からには」という言葉には、発表会のようなところで賞を取ってほしいといった強い願望（自分の描く目標）があるということなのです。

また子どもが大きくなったら、勉強に関しても学校の宿題をやったか声をかけ、中学受験でもしようものならプレッシャーをかけるような言葉や行動で子どもに干渉します。「頑張って」という言葉や、「これだけあなたのために頑張っているんだから、あなたも頑張って」という無言のプレッシャーです。

こうした親御さんは、子どもに対して主に次のような行動をとることが多いです。

＊過干渉
＊溺愛
＊矛盾

私は、**この3つを「子育ての3大リスク」と呼んでいますが、過度な心配が引き起こすリスクです。**

過干渉とは、親が過度に先回りして世話を焼き、子どもに必要以上に口を出す状態です。たとえば、子どもが忘れ物をしないよう学校の準備を親がやってあげる、朝は起こしてあげるなど、何から何まで世話を焼きます。過保護という状態はまだ見逃せるのですが、そこから多くの場合、「こうしなさい」「ダメだ」と口を出して干渉するようになります。それが過度になるのが過干渉です。

溺愛は過保護に近いのですが、子どもが言うことにすべて引きずられてしまうことで、親が子に服従するような態度になってしまう状態です。たとえば、子どもに物をねだられると、「えぇ〜」と言いながらも買い与えてしまうような、位置関係として子どものほうが親よりも上になってしまう関係で、これはよくありません。

最後の矛盾は、親が子に伝えたことと実際の行いが異なる状態です。たとえば、「あなたが楽しくやってくれればいいのよ」と子どもに言っておきながら「もっと頑張ってほしい」と伝えるのは、子どもにとってみれば、楽しいだけじゃダメだと干渉されることで矛盾します。親から信頼されていないと感じるのです。

結果親の言うことは信じられなくなり、表面的にとらえる子になるか、または家庭内暴力という形で行動に現れるケースもあります。

不安の正体は、あなた自身ではない

真面目で頑張ってしまう人は、自分の不安を子育てに反映してしまう状態と言えます。過干渉になってしまう人、溺愛してしまう人、それにより常に矛盾を抱えてしまう人……。もしかしたら、ネットの情報や子育て本で知って、それではいけないということに薄々気づいているかもしれません。でも、つい口出ししてしまう、子どものわがままを聞いてしまう、言っていることと行動が伴わなくなってしまう。

それはどうしてでしょうか。

実は、子育てにとってある重要な〝不安の正体〟があるのです。

それは**「あなたの親の子育て」です。**あなたは、親といるとなぜか苦しいという経験がないでしょうか。小さな子どもにとって親の存在は絶対です。まだ何もできない赤ん坊の状態ならまだしも、ものごころがついた頃からはあれこれと世話を焼かれ、「なんでこんなことで叱られるんだろう」と疑問を感じたことはなかったでしょうか。

また、家の中と外にいるときとで親の態度が大きく違うことに矛盾を感じていなかったでしょうか。思春期になり親の言うことが信じられなくなって反抗したことはなかったでしょうか。親が間違っていると思っても、自分の気持ちを言えないことはなかったでしょうか。

そして今では、親も同じ人間で間違ったこともすれば、おかしなところを持っていると気づいていないでしょうか。

もしそういった思いがあるのならば、それは「今のあなた自身」です。あなたの子どもが感じていることそのものです。先ほど「過干渉・溺愛・矛盾」という子育ての3大リスクを挙げましたが、もしあなたが子どもに過干渉であれば、あなたの親も同じようにあなたを育てた可能性が大です。

つまり、**知らず知らずのうちにあなたの親の子育てを踏襲していて、「親の子育てという呪縛」から解放されていないのです。**

では、なぜ親の子育てを踏襲してはいけないのでしょうか。

それは親の時代の子育てと今の子育ては、物理的にも精神的にもあまりにも違うからです。

私はそういう親御さんをごまんと見てきました。「私は親の言うとおり従ってきてできたのに、うちの子はなぜできないんだろう」と言う方がたくさんいます。

今でも自分の親から口を出されている家庭もあります。大人になり、親となった今でも過干渉なのです。不安の正体、苦しみの正体は、実は「あなたの親」だったのです。

第2章

子育ての不安の正体は「親」だった

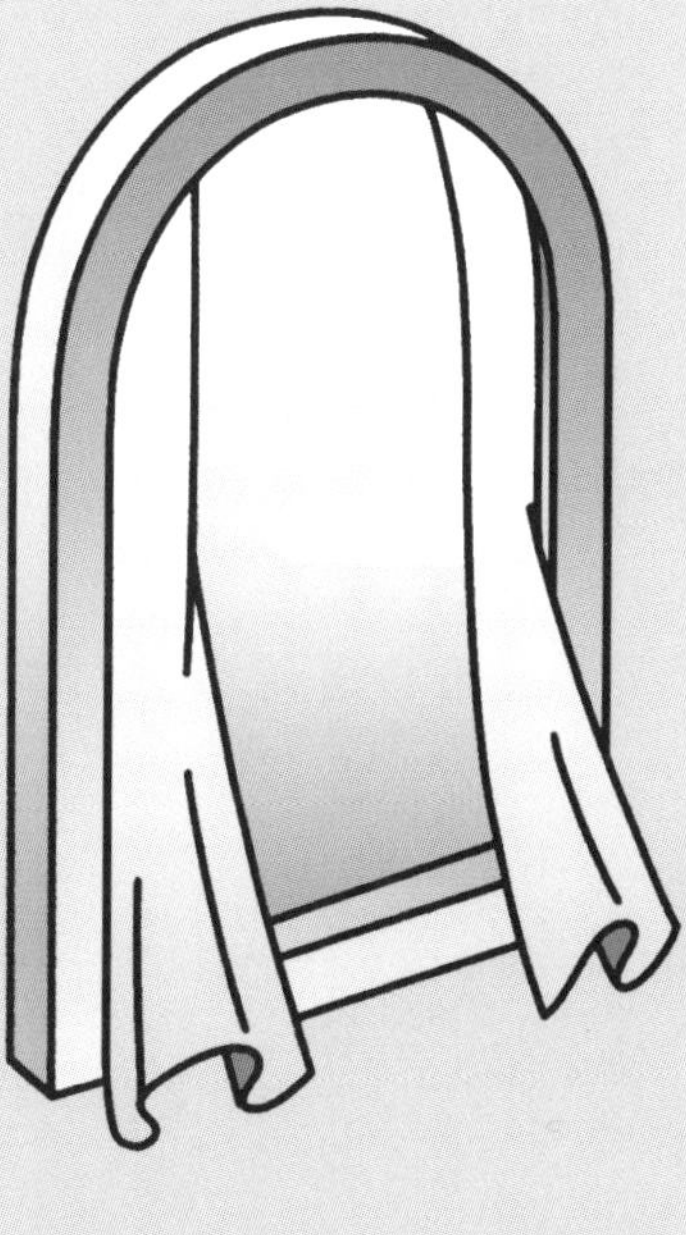

多くの人は親に育てられた環境が刷り込まれている

何事に対しても真面目で真剣に取り組むことは、決して悪いことではありません。でも、その一生懸命さはあなたの親から刷り込まれていることがほとんどです。どちらかというと、きょうだいが複数いる家庭の中でも、しっかりした子どもだった人が多くて、親、とくに母親に干渉された人が真面目にわが子を育てる傾向があります。

私のところへ相談に来る方も、小さいときから自分が家族を支えていると自覚していた、親に期待されている自覚があった、というエピソードを語る人がすごく多いのが特徴です。「〇〇しなければいけません」「あなたは我慢しなさい」「あなたがしっかりしないと家族が困る」「あなたはもっと努力しなさい」など、きょうだいの中で自分にだけあれこれ口を出されたという経験です。そうして育てられたから、自分が子どもを育てるときにも、すごく真面目だし、一生懸命に全力を尽くしてしまいます。

子育ては毎日継続して行うもので、毎日がパーフェクトな子育てになるはずもないのに、毎日、毎時間、とにかく完璧を目指してしまう。食べ物に関しても教育に関してもパーフェクトを目指すのは、やはり親の世代の育て方に影響されているのです。

ただ、そういう人たちは、自分の親に影響されていることに気づいていません。ずっと親が干渉してきた家庭が多いので、自分もそれが当たり前だと不思議には思っていないからです。そうして育ってきた環境に影響されていることを指摘すると、ハッとするというか、びっくりするお母さんがほとんどです。

あなたの親から**知らず知らずのうちに受けた刷り込みは、専門的な言葉では「認知の形成」と言います。**認知の形成は、身近な人たちから受けた言葉や行動を見たり聞いたりしているうちに、その人自身の思考が形成されていくことで、認知により思考パターンができ上がっていきます。

とくに親の認知から生じている言葉や行動は、子どもの認知形成には多大な影響を与えるのは当たり前です。

過干渉の親のもとで育った場合、子どもに世話を焼く、口出しするといった言動が無意識のうちに刷り込まれ、認知が形成され、自分の子どもにも同じように世話を焼き、口出しするようになります。これは子どもの頃からずっと受けてきたものが、結果的に**「あなたの思考パターン」をつくり上げてしまっているのです。**

たとえば、親から「しっかりしなければダメ」と言われて育ったら、「そのためには〜なければならない」という思考パターンができ上がり、何事も真面目に行動してしまうようになります。

そして、「〜なければならない」という思考のもと、あなたの子育ても親と同じように、過干渉になって、あれこれと口を出してしまうのです。自分は子どものときは親に言われたとおりにしっかりやって、何でもできるようにしてきたから、今度は自分の子どもも同じようにできると思ってしまいます。しかし、自分の期待どおりにいかないと「うちの子は、なぜこんなこともできないのだろうか」とがっかりしてしまうのです。

親と同じ子育てに向かう2つの形

親と同じ子育てをして辛くなる親御さんには、大きく2つの形があります。1つめは何事にも真面目に真剣に取り組むよう育った方です。親子関係では第一子が圧倒的に多く、第一子として育った親御さんにはきょうだいの育ち方も全然違うということを私は言っています。

第一子は、親の期待を一身に受けて成長する人が多いです。相談に来る第一子の親御さんは、親の言うとおり育ってきて、自分が子育てをして初めて矛盾を感じ、つらさや苦しさのあまり心身症状が出てしまうことがよくあります。

2つめは、親の顔色をうかがい、親の意に沿う行動をして育った方です。一般的にきょうだいの中で下の子は、兄や姉が怒られているのを見て、自分は親の言うとおりにしていたらいいんだと学んでいきます。それは認知の形成というより「行動変容」が起こる状態です。親が喜ぶような行動をするようになるのです。それに加え第二子以降は親にも余裕が生まれ、わりと自由に育ちやすい傾向があります。

いずれの場合も、それ自体が問題ではありませんが、長じると親と同じ子育てを無意識のうちにくり返してしまいます。

私も長女で妹がいるのですが、彼女は後者として育ちました。怒鳴られている私の姿を見て、親のように振る舞えば気に入られることがわかっていたのでしょう。親と同じ考え方、振るまいを自然にできていました。そんな妹は当然、母親からかわいがられて育ちました。

私は反抗心のある子だったので、「何かおかしい。母親がすべて正しいということはない」と思いながら、母親のように生きている妹にも疑問を感じていました。でも、妹が大人になったとき、まったく母親と一緒の人間になっていることには、さすがに驚きを隠せませんでした。

子育てで自分自身を責める原因をつくったのは「あなたの親」の存在

親の刷り込みを受けた人は、子どもが赤ん坊の頃から不安が現れます。たとえば、寝かしつけで子どもが泣きわめいて、あやしても泣きやまないと「何かがおかしいのか」と思ってしまいます。でも、そこは自分がどんな赤ん坊だったか、もう記憶はないので、自分がどんなふうに寝かしつけられたかということがよくわからずにイライラします。そこで自分の親に聞いたりします。

寝かしつけがうまくいかないと母親に相談すると、「あなたのときはさっさと寝たわよ。何かが下手なんじゃないの」とか、「子どもにきつく当たりすぎなんじゃないの」と否定されたりします。

そうすると真面目に考えて、「私のやり方が何か間違っているのかもしれない」と悩んでしまうのです。

しかもそうした否定的なことを言われると、もう二度と母親にも相談できない、相談しづらいと1人で追い込まれていきます。そこで、寝かしつけの情報をネット検索し始めます。そうするとますます追い込まれるというような悪循環になってしまうのです。

親に相談することがもうそれだけで頭が痛くなる原因になります。相談ではなくても、たとえば、ちょっと出かけるのに子ども（孫）を預けるといった場合にもダメージを受けるケースはあります。親に孫を預かってもらって、その間に息抜きをして帰ってくると親が怒り心頭で、「もうどういう育て方してるの!?」と言って怒るということもかなりあります。

とくに特性がある子ども、ちょこちょこ走り回る子とか、何でもかんでもビリビリ破く子とかだと、親もそんな子どもは見たことがなかったりするので、自分の娘の育て方が悪かったと短絡的な考え方になります。それで娘を責めるという流れになってしまう。こうして追い詰められていきます。

離婚をしてしまって、親元に戻らざるを得なくなって苦労している人もいます。

孫の生活にも干渉する祖父母

ある女性は若い頃に好きな人ができて結婚を考えていたのですが、彼氏は居酒屋で働いていて将来は自分の店を持ちたいと言います。彼女の母親は居酒屋がうまくいく保証もない、今も昼と夜が逆転した生活なのに娘もその生活を強いられると、とにかく結婚を認めてもらえませんでした。

すると彼女は親の反対を押し切って、半ば駆け落ちのような形で家を出て行きました。彼女はその後子どもを産み、子育てをしながら夫の居酒屋開業の資金のために家庭を切り盛りしていました。

やがて夫が融資を受けて居酒屋を経営することになりました。彼女は居酒屋を手伝いながら、子どもにはしっかりと育ってほしいと干渉するようになります。周りから水商売の子どもと見られることを気にしていたからです（本人がそう思っているだけなのですが、結果的に親の影響を受けた認知です）。

しかし、コロナ禍により経営は一気に苦しくなりました。生活ができなくなり、結局、夫は店をたたんで借金だけが残り、離婚せざるを得なくなってしまいました。最後は子どもを連れて実家に帰るしかなくなってしまったのです。

子どもを連れて戻った彼女に母親はきつく当たりました。というのも、母親は最初から結婚には反対していて、うまくいかないと言ったとおりになったからです。親の意にそぐわぬ結婚をしたばかりに「子どもを不幸にしたのはあなただ」と言われ、彼女の子ども、つまり孫のことまで干渉されるようになり、孫の生活態度や学校の成績にまで口を出されました。それはかつて彼女が育てられてきた環境の再現でした。

しかし、彼女は母親に何も言うことができず心が病んでいきました。生まれてきた子どもを母子家庭にしてしまったのは自分に責任があると自身を責めるようになっていったのです。

自分と親との関係の歪みに気づく

すべてのことに真面目である人というのは、おそらく小さいときから親の言動によって刷り込まれてしまっているので、その背景にあるものというのは、自分の成り立ちにかかわっているため見えなくなっています。

そこで、まずは客観的にあなたの親子関係というものを俯瞰《ふかん》してみて、冷静に見られるようになることが大事です。

そのためにはやはり「他人の力」は絶対に必要だと思います。冷静な目を養うためには「本を読む」というのもその1つです。

私自身は中学生の頃から、自分の親子関係について「これは何かおかしい」と思い始めました。友達の家庭に遊びに行って、たくさんの親子関係を見て「自分の親との関係とは違う。この違和感はいったい何だろう?」というところから考察し、さまざまな本を読んで、自分と親の関係が歪《ゆが》んでいるということに気づきました。これが「他人の力」です。

自分のうまくいかないことだけに着目して必死になっている間は、その根底にある、親の子育てが刷り込まれてきたという事実は見えてきません。

脳に「他人の力」を取り入れる余裕を作るためには、**まずはあなた自身がしっかりと考察ができるような知識や教養を自分の中に入れていくしかないのです。**これは実際にはとても難しいことです。

大学を卒業してから体が言うことを聞かなくなった

私がかかわったある家庭でも育ってきた環境が見えていなかった子がいます。その子は中高一貫の女子校から某有名大学の経済学部を卒業しました。彼女のお母さんは過干渉で、小さい頃から娘にべったりでした。

毎日お弁当づくりに励んで、学校の用意から何から何までやって、塾の送り迎えもして……と、大学に入ってからもあれこれと世話をし続けていました。彼女はそれが普通のことだと思って公認会計士を目指して勉強に励んできました。

しかし、大学を卒業して公認会計士の試験に一回失敗した彼女は、母に言われたとおりある会社に就職しました。けれどもうまく社内の人間関係を作れず一年で退社。家にこもりきりになりました。

心配した中高時代の友人が連絡をすると会う約束は取りつけられるのですが、毎回直前のドタキャンで結局会えないのです。でも彼女は自分の親が求める生き方に縛られて生活してきたことに気づき、最近は親から離れるために1人暮らしを始めました。まだ友達に会えるところまではいっていないですが、今懸命に自分を見つめ直しています。

彼女の母親もまた、その母親の子育ての刷り込みによって娘を育てたのかもしれません。よかれと思い込んでまい進《しん》してきた子育てですが、間違っていました。結局子ども自身が自分の力で打ち破ることになり、それはよいことではあるのですが、ここまで長い時間をかけ回り道をしなくてもよかったのに、と残念には思います。

私が母親の子育てに疑問を持ち始めた中学時代

これは私自身の話ですが、私は本当に不適切な子育てを受けたと思っています。母親はとにかく私を勉強ができる子に育てるといった教育中心主義で、それ以外には関心を示しませんでした。テストでいい成績を取ってきても、それは当たり前だというように褒められたこともいっさいありません。むしろテストの点数が悪いときには叱られるだけで、私の興味があることはすべて否定されました。

小学校のときは周りの子はみんな塾に行っていましたが、私だけは塾に行かず母親の干渉のもと勉強していました。結果的には中高一貫の進学校へ合格しましたが、もし合格できなかったらどうなっていたのか、今思えば少し恐ろしいです。

しかし、入学できたものの母親の興味は成績だけです。トップクラスの学校でしたので中間テストや期末テストも非常に厳しかったです。しかし、周りの子たちはテスト慣れしていて平気で高い点数を取ります。10段階の10や9です。

それもそのはず。彼らはそれこそ小学3年生くらいから塾に通っていて、テストの点数を取る勉強の仕方を知っているのです。それこそ小学生のときから切磋琢磨《せっさたくま》して勉強というものが染みついているのです。

そこへいくと私は、塾で習うような合理的な勉強の仕方も知りません。私の成績は6とか7です。すると、母親の叱責がひどくなりました。結局、私の母が求めたのはトップの学校でもトップを目指せということでした。

また中学校は私服の学校で、周りの子たちはけっこう裕福で洋服をたくさん持っていました。

私は母親に服を買ってほしいと頼みましたが、「そんな成績が悪い人には洋服は買えません」と論理の通らない理屈を平気で言われました。これはつらかった。周りの子は毎日ファッショナブルでかわいらしい洋服を着て登校していて、私も同じような服装に憧れたからです。

思春期にもなりおしゃれが好きだった私は、貯めたお小遣いで洋服を買って着ていましたが、その服を毎回母は「センスがない」とこき下ろしました。

またあるときは、好きな歌手がいてレコードが欲しいと思ったのですが、言っても買ってくれないことがわかっていましたし、「そんなことにうつつを抜かしていたら成績が下がる」と言われるだけなので、お小遣いでこっそり買っていました。結局、親に内緒で買ったことがバレて、「そんなものにふけっているから勉強ができないんだ」と、予想どおりに叱責されました。

母親の子育ては始終こういった感じでしたから、中学生のときには「これではいけない」と思うようになり、母親とのかかわりについて冷静に考えるようになりました。今思えば成績と服は何の関係もないのに、あたかも因果関係があるかのように決めつけられていました。レコードを聴く人は勉強ができないという論理も矛盾しています。実は、このような論理のつじつまが合わない叱責をしている親御さんは今も多いのです。「自分の親も言ってたから」と深く考えずにこのような言い方をしてしまっていたらぜひ気をつけましょう。

たとえば、子どもが友達と遊びに行くと言ったときに、「部屋も片づいてないのに遊びに行っちゃいけません」というようなことを平気で言っていませんか？

親が過干渉な子どもは、何でも親に隠すようになります。そして、すべてウソをつくような子どもになっていきます。親に正直に言えば叱責されるだけだからです。

私の時代はレコードを買ってカセットテープに吹き込んでこっそり聴いていましたが、今の子どもたちも同じで、親に内緒でスマホで音楽を聴いています。そういったところも同じです。

私は親御さんと一緒に相談に連れて来られる子どもの気持ちが、彼らと同じようにわかりますから、私には本心を話してくれるのかもしれません。

私は体が言うことを聞かずにしんどいなかで親を冷静に観察することができた

とにかく、私は母親の言う矛盾を中学生くらいからずっと感じていました。

これは私の母親が学校の成績しか興味がなく、突き放された特殊な状況だったからかもしれません。私の周りの友達の親は、子どもを小学3年生から塾に行かせ、勉強のできる環境を与えていたため、みんな何ら不思議なこととは感じていなかったはずです。おそらく過干渉の家もあったとは思いますが、当時の学歴社会では勉強のできる子は親の言うとおりに過ごせばいいだけでした。

でも、こうした経験があったからこそ、私は親子関係を冷静に考察できるようになり、過干渉の親のもとで育てられた子どもの気持ちがわかるようになったので、結果的にそれがよかったのだとは思います。

私のところへ来る子どもたちは過干渉の親御さんに対して表面上はケロッとしています。しかし、心が病んでいて、それが体にきて学校へ行けなくなってしまい引きこもりにつながったりします。

当時の私も体が言うことを聞かなくなって、よく倒れてしまう子でした。もともと自律神経の働きが悪い体質なのですが、幼少期は風邪くらいで大きな病気はしたこともありませんでした。それが中学時代になり、ストレスが大きくなったうえに、たぶん思春期のホルモンバランスの乱れも相まって、不定愁訴《ふていしゅうそ》が頻発するようになりました。

とくに緊張している日の朝は、起きても頭がグラグラして、吐くような状態でした。

そのときは倒れてしまう自分に「なんで体が言うことを聞かないんだろう?」と、割り切れない気持ちでいっぱいでした。

夏の見学旅行の日の朝のことは今でも覚えています。早朝、起きてからもしんどくてソファーに倒れ込んでいたのですが、その姿を見た母親から「高い金を出して旅行代を払ってやってるんだから行きなさいよ」と怒られて、死ぬ思いで集合場所へと向かいました。

集合場所は大阪の阪急梅田駅(現・大阪梅田駅)だったのですが、やっとのことで駅に着いたもののホームに降りてから顔は真っ青、フラフラ歩いていたので家出少女に間違われて補導されそうになったのです。平日でしたし、家出少女と思われても不思議ではなかったと思います。

私の家の家庭環境はとにかくこんな感じでしたから、**友達の家庭の状況を聞き、さまざまな本を読みながら「やはり、うちはおかしいんだな」とわかるようになりました。**

そして、両親の背景には何があるのだろうと探るようになったのです。

親の「ファミリーヒストリー」を知ることで今の自分の子育てを知る

親子関係を冷静に判断できるようになるには、まず親が育ってきた環境を知ることが先決です。いわゆる**親の「ファミリーヒストリー」を知ることです。**今の自分と子どもは違うということをまずは理解したうえで、親の育った環境を知って、それを受けて親が自分にどういった子育てをして、どういうふうに刷り込まれてきたかを探っていくことが大切です。

親に刷り込まれてきたものを振り返ってみて、自分の子育てにおいてそれを投影してしまっているのか、反対にそれに反逆して180度違う子育てを無理にしているのか、そこに気づくのです。

それに気づく一番のきっかけは、子どもにこれが当然だと思ってやったことがまったく効果を発揮しないということで愕然《がくぜん》とする場合です。

アクシスに入るご相談は、自分のやっている子育てが自分の思いどおりにいかない、当然だと思ってやってきたことが自分の子どもにはうまくいかないというのがほとんどです。

たとえば、ピアノやバレエを「自分もやってきたから当然」と習わせてはみるものの、子どもが行きたがらなくて大泣きしたりすると、「なんで」と思うのです。「私はあんなに楽しかったのにどうしてこの子は同じように楽しまないのでしょうか」などと仰る方に、私は「そもそもあなたはなんで習い事が楽しかったのですか？」と訊くと、とたんに言葉につまるのです。「……私は親の言うとおりに頑張ってきたし……できるようになると嬉しかったし……」などと言うのですが、だんだん「もしかすると本当は楽しくはなかったのかも」と顔をくもらせる人もいます。

これは自分が育てられた過去のやり方が正しいと思い込んでいるだけです。それこそが刷り込みです。

子育てがうまくいかない理由は「投影」の結果です。ここの部分を変えなければ子育ては変わりません。ですから、自分が親を投影してしまっている理由を知ることが大事なのです。

親の「ファミリーヒストリー」を知ることであなた自身が解放される

私は、父親と母親がそれぞれ育ってきた背景には何があるのだろうかと、その生い立ちを探り始めました。

父親は小児科医でたしかに頭のいい人でした。寡黙な人で、仕事に対しては真面目すぎるほどでした。子育てに対しては完全に私の母親に任せていましたが、当然私に対しても勤勉さを求めていました。

父は若い頃、結核で10年間の療養生活を強いられ、ほかの同級生からそうとう遅れたという経歴がありました。つまり、ほかの人より10年遅れて医学部に入った努力の人物です。父は医学部の研究畑で生きていきたい人でしたが、人よりも10年遅れているので研究者の道はなく、それで勤務医から開業医になる道を選びました。

そこにはやはり挫折感があったのは間違いありません。ですから、娘に期待するということはあったと思います。

いっぽう母親は、きょうだい4人という家庭に育ち田舎から東京へ出てきた人で、きょうだいの中で一番勉強ができたので大学へ行かせてもらっています。そして、今で言う臨床心理士の資格を取り働いていましたが、結婚を機に仕事をやめて家庭に入りました。せっかく田舎から東京に出してもらって資格まで取ったのに、そこにはあきらめの気持ちや後悔があったのかもしれません。

母がそこで没頭するのが子どもです。結婚したら子育てをしなければならないといった当時の常識の中で、娘の私に人一倍の力を入れるようになるのは当然です。自分は医者と結婚し、仕事を捨ててまで家庭に入ったのですから、自分の子がほかの子に負けてはいけないというプライドがあったのは間違いありません。

ですから、父も母も娘の私に自分たちの人生のリベンジを託していたのかもしれません。

私は両親の生い立ちを思いながら、この歪んだ親子関係を学んだのです。

ちなみに、母は母親、私の祖母を投影していたのではなく、祖母を反面教師にして私を育てています。祖母は明治の人ですがかなり自由闊達な人でした。

祖父母は田舎ぐらしからの脱却を目指してアメリカに密航して現地で商売を始めて成功しました。幼少期、遊びに行くと祖母は英語交じりの福島弁をしゃべっていました。

祖父に至っては、第二次世界大戦勃発の影響で帰国後、常磐炭鉱で働かされていた米軍捕虜の通訳をしながら、彼らが受けているひどい待遇に心を痛め、ひそかに彼らに食料を運んだりしていたリベラリストでした。詩人・草野心平らと交流があり、当時の民藝運動にもかかわっていたと聞きます。

こんな人たちですから、田舎というタテ社会ではかなり目立った存在だったのでしょう。私の母はそれが嫌でしかたがなかった。ですから自分の母親を反面教師として私に接したのです。母はよく「普通の母親が欲しかった」と言っていましたから。

しかも、田舎から出て努力しての都会暮らし。当時流行していた〝3歳児神話〟（3歳までは母親が子育てに専念すべきだという考え方）にのっとって、子どもを自分の理想のように育てるべく過干渉になっていきました。

私が幼児の頃は、とにかく都会のモダンな子育てを実践していて、私にバレエやピアノを習わせました。幼稚園も地域で一番教育熱心なところへ通わされました。でも、私は変わった子どもで、1人で図鑑を眺めていたり、外でアリやバッタを見ていたりするのが好きな子でしたから、結局、私は登園拒否をしました。いわゆる母の考える〝普通〟には合わない、母親から見ればダメな子どもでした。

ファミリーヒストリー

＼ Step1 ／
親（育ててくれた人）の生い立ちを書き出しましょう。

＼ Step2 ／
親自身は、生い立ちをどう思っているでしょうか？

＼ Step3 ／
あなたの生い立ちを書き出しましょう。

＼ Step4 ／
Step1～3を見て、親からの影響を分析してみましょう。

おそらくあのあたりから母の「がっかり」が始まったのだと思います。そして、私に対してだんだん不機嫌になっていったのです。

以上のように、自分の両親が育ってきた「ファミリーヒストリー」を知ることによって、親が自分にしてきた子育てが分析できるようになります。そして、その子育てが、今の自分の子育てに投影されているのか（または反面教師となっているのか）がわかってきます。

つまり、**あなたの子育ては「親の鏡」なのです。**

そこで、あなたの両親（さかのぼって祖父母や先祖）のファミリーヒストリーを考えてみましょう。前ページに父親と母親のヒストリーを書き出し、その影響を自分がどれだけ受けているのかを冷静に分析してみましょう。その作業をするだけでも、自分の苦しさや抱えている問題から解放されます。

親の言うことは気にしない、いいところだけ感謝すればいい

アクシスでは、家族に対して「ありがとう」という言葉を大切にしてもらうようにしています。その言葉を最終的には自分の親にフィードバックしてあげられるといい関係ができるとお伝えしています。

そうして、いいスタンスを取ることで、親にのしかかられすぎずに自分と自分のつくった家族を守り続けることができるようになります。

親の子育てを投影して、自分の子育てをしてしまっている人は、まず親の子育てで刷り込まれてきた**「親の呪縛」から解放されましょう。**

それが最初にやるべきことです。自分を冷静に客観的に見て、自分の育ちや親子関係を眺めたときに、「ここはよかった。私にとってプラスになった」ということをまずは考えましょう。私自身は、前述のように苛酷な部分もありましたが、家には本があふれ、いつも自然豊かな環境に暮らせたことはとても大きなプラスであったと今でも思います。そのあとで、「いつの間にか固定観念を植え付けられていた」ということを判断

していくのです。

たとえば、成績がいいほうが人間として価値が高いというような価値観を植え付けられていたとしたら、「今の時代は違う」というふうに冷静な視点を持つようにします。だから、自分の親がわが子（両親から見れば孫）に「この間の中間試験の成績はどうだったの？　あっ、順位がそんなに下がったの？」などと言っても、「それは親の時代の常識なり子育ての概念であって、自分は気にしない。私はこの子の成績が下がっても気にしない」と思うようにしてみます。成績を気にする親のことを否定しないというスタンスになれるのが一番いい着地点だと思います。

親のいいところは投影するけれども、**ダメだったところに対しては、「距離を取る」のが一番いい解決法です。**

親子関係を断絶する必要はなく、少しずつ距離を取って遠くなっていく感じです。そして、自分ができるものだけ修復していく。それはもちろん、その家庭の親子の関係性にもよりますが、もし修復ができるところがあれば幸せだと思います。

しかし意外と難しいもので、親も年を取ってくると頑固になるので、考えの違いに折り合いを付けるのはすごく難しいのです。そうした場合は、もう親の言動を見ているだけにしてください。「ありがとう。おばあちゃんは、やっぱり孫の成績が気になるんだなあ」という感じで見ているだけで気にしないことです。そして、子どもには「おばあちゃんはやっぱり孫の成績が気になるんだね。ママのときもそうだったよ。ありがたいよね」と笑顔で伝えればいいだけです。

子どもからしてみれば、「おばあちゃん、本当にダメな人でね。大変だったんだよ。ママも本当に苦しめられたよ」と悪口を吹き込まれると、意味もなく人を憎む、人を恨むということばかりが刷り込まれていきます。

それよりも、ちょっとしたことに「ありがとう」という気持ちをつくっていくことのほうが、子どもにとっては最終的に社会に出るときにメリットが多くなります。

メリットをつくっていくことを目的とするなら作為的に振る舞わないといけないのです。親を説得するのは絶対に無理ですから。

実際に、親と一緒に相談に来る人もいます。でも、親のほうは簡単に言ってしまえば頭が固いので、私の提案にフレキシブルに、今の考え方を受容することができません。親が「私が悪かった。じゃあ変わるわね」とか、「私はいっさい口を出しませんから」というふうな展開には、まずなりません。

親から離れて距離を取ることで、子どもはあなたを信頼する

同居する祖母の言葉を、否定も肯定もしない

DV夫から実家に逃げ込んだ、お子さんを2人持つお母さんがいました。半ば親の反対を押し切って結婚したのですが、子どもが生まれると夫が本性を現したのです。夫は子どもが自分の言うとおりにならないと妻に当たって暴力を振るうようになり、それが理由で子どもたちも学校で問題を起こすようになりました。

そのため、余計にDV夫の怒りを買って暴力がひどくなり、子どもを連れて実家に逃げ帰ったのです。2人のお子さんは小学6年生の長女と小学3年生の長男で、お母さんの実家で暮らすのはもちろん初めてのことでした。

それまで、お母さんは夫の逆鱗《げきりん》に触れないよう、子どもたちに過干渉に接していました。夫の暴力がいつ子どもたちに向かうか、それればかり心配して生活すべて、翌日の学校の準備までも彼女がかかわっていたのです。

もともと彼女は過干渉の母親が嫌で、その母親から逃げる形で駆け落ち同然で結婚しました。それが実家に戻ったことで母親の干渉を受ける生活に逆戻りしてしまったのです。

ちなみに、過干渉の親に育てられた方は知らず知らずのうちに依存体質が刷り込まれていきますので、DV夫との相性がいいと言われています。DV夫というのは最初はやさしかったりするのですが本性は過干渉で、相手を依存させることによって自分の権威を保つのが特徴です。つまり、過干渉で育てられた娘とDV夫が夫婦になるパターンというのは、意外に多いのです。

ましてや、過干渉の母親に育てられると、そうした依存体質は自己肯定感が低くなる原因にもなります。多くのDV夫は妻が外に働きに出ることを嫌がるため、自己肯定感の低い妻は手に職を持てなくなります。そうした妻に、DV夫はやさしさと暴力を交互に使い分けながら過干渉をくり返して、さらなる依存体質にさせてしまうのです。

そのお母さんも仕事がない中で親子3人、実家に身を寄せることになりました。するとさっそく口を出してきました。

「ほら、見てごらんなさい。私の言うとおりにしないで私から逃げたからよ。そもそも私から離れると、あなたは生きていけないんだから。子どもの育て方も悪かったから孫たちもダメな子になったんじゃないの？」

彼女は経済的にも弱い立場で、母親に言い返すこともできません。まさに「親の呪縛」から逃れられなくなっていきました。

母親は当然、孫たちにまで干渉するようになっていきました。彼女が子どもたちにやってきたように、翌日の学校の準備までするようになったのです。

たとえば、学校がお弁当の日も母親が準備をしました。彼女は母親がつくる煮物中心の弁当を見ながら、「子どもたちは、から揚げが好きなのに……」と思っても母親に言うことができません。また、子どもたちはお母さんの言うこととおばあちゃんが言うことが違っていて混乱していたのでしょう。学校での問題行動がよくなることはありませんでした。

こうした負の連鎖からどう脱却すればいいのか。彼女は悩んだ末、私のところへやって来たのです。私は開口一番、そのお母さんにこう言いました。

「いや、あなたが守るべきは自分の子どもだけであって、今は実家に同居せざるを得ないとしても、あなたが守る家族は自分と子どもだけだということを考えてみてください。そこにあなたのお母さんは入っていないんですよ」

彼女はハッとしたものの、「本当は親から離れたい。でも経済的に自立しなければそれができない。子どもたちのこともあるし、今の状況を変えられない」と本心を打ち明けました。

そこで私は、まずは自分自身が子どもに干渉しないこと。次に母親が孫に言ってくることを気にしないこと。最後に経済的自立のために子どもが学校に行っている時間帯にパートに出ること、子どもの心が不安定なうちはお金が稼げる夜の仕事とかではなく昼間に働くことを提案しました。そして、大事なのは経済的自立が先ではなく、子どもに干渉しないことを優先するよう告げました。

彼女は自分なりの軸ができたのか、親の呪縛から解放されるために私の提案を実践し始めました。まず、子どもたちに対して干渉することをやめました。でも、母親は孫たちに干渉するのをやめません。

そんなときは「おばあちゃんは、あなたのことが好きだから気になっちゃうんだよね」とニコニコして子どもたちに伝えていきました。けっして、おばあちゃんの言うことを聞けとも聞くなとも言いません。あくまでも、おばあちゃんも愛情があるということを前提に接していったのです。

つまり、自分たちの家庭の中に、自分たちのことを気にかけている大人がもう1人いるというメッセージです。すると、子どもの心にもストンと落ちたのか、お母さんと子どもたちの信頼関係が生まれてきたのです。そして、子どもたちの学校での問題行動がなくなっていきました。

いっぽう、母親に対しては「いつも孫のことを気にかけてくれてありがとう」と言うようにしていったところ、パートで残業がある日なども「お母さん、今日は残業で遅くなるから子どもたちをお願いします」と言えるようになったのです。

子どもの生活も落ち着き、パートの収入も安定してきて、彼女は経済的自立に向けてスタートしました。実家の近くの古いアパートを借りて親子3人で暮らし始めたのです。離婚も成立し、ひとり親家庭に支給される児童扶養手当も入るようになり、何とか生活できるようになりました。

でも、彼女の母親はちょくちょくアパートに来て世話を焼くのは変わりありませんでした。最初のうちは食事の世話などをしていたのですが、そのうちに長女が自分でご飯をつくるようになり、「もう、おばあちゃんはいいよ」と言って、子どものほうから距離を置くようになったのです。

この話は、お母さんと子どもの信頼関係を大事にすることで「親の呪縛」から解放された例ですが、家族とはあくまで親と子であって、それ以外の人は無秩序に入り込める関係ではないと考えることから始めます。それが親であっても同じです。一定の距離を保てる関係がベストなのです。子どもたちとの関係もよくなって、子育てが楽になって笑顔も増えてきます。

親子関係が修復不可能なら「親との縁を切る」くらいの覚悟で

親の言うことを気にしなくなれば、「親の呪縛」から解放されて、次は自分の子育てについて考えられるようになります。つまり、親に自分が育てられたのを振り返ったときに、それを自分の子育てに反映しないほうがいいなと判断できるということです。

親の言うことをいちいち否定してしまうと、それはそれで大変です。見極めていくということが一番大事になってきます。

親の子育てにおいても、おそらくいいところもあるはずなのです。なので、そこはしっかりと受け入れていくし、いいところは自分の子育てに取り入れていってもいいし、「こういうところ、ありがたかった」といったように、実際に言葉にして返していくなど、そういったフィードバックをしていきます。

そうしながら、何かと干渉してくる親とは距離を取っていくといいと思います。

私の場合は結局どうにもならなかったので、残念ながら親を切り捨てることしかできませんでした。母も病気を発症しました。本当はそばで介護をするべきだとはわかっていますが、結局、私が取った最終手段は「自分の心を守るために親との縁を切る」だったのです。

いろいろと後悔することもありますが、私自身はこれでものすごく楽になりました。ですから、今も相談者さんからお話を聞いて、どう見ても親子関係の修復が不可能な家庭には「親を切る勇気も必要ですよ」と言います。

お話を聞くと、すべて手詰まりで、もうどうにもならない家庭環境の方もたくさんいます。そういう方たちには、自分の本当に大切にしたい家族と自分の心を守るために、その上の世代とは断絶することを考えることもあるいは必要なのかも、とアドバイスをすることもあります。

それは自分の経験上どうしようもなく選んだ最終的な結論でした。ただ、やはりしんどいですよ。それは血縁を切るということですから。

もし親を切るなら、自分が築いた家族を万全にしておかないといけません。そうしなければ本当に孤独になってしまうからです。なので、最終手段は「親との縁を切る」なのですが、なかなかそこまでは難しいだろうと思います。

その前の段階でできることは、もし壊れていても親子関係を修復していくというか、修復するような努力をしていくことです。それは親のいい部分は「ありがとう」と言うところから始まるのかなと思います。

もし私みたいに親に全部批判的な、あるいは親にこういう育てられ方をしたから自分の子育てがうまくいかないんだという結論に至ったとしても、「お母さんに言われたこういうことは、私にとってはとてもよいことだったな」と思うところを1個か2個見つけてそれを親にフィードバックしていく。でも、関係性は物理的には離れるけれど縁は切らないというようなスタンスを持つほうが楽だなとは思います。

「親との縁を切る」のはあくまでも最終手段

現在、父母ともに亡くなってしまったので、私自身は親族から完全に分離していますす。この最終手段は、大変すっきりするいっぽうで非常に孤独なのはたしかで、「親やその家族と縁を切る」というのは、相談に来る方には正直、お勧めはしていません。

親から否定されて苦しい人はとても多く、親との付き合い方、親とどう向き合っていけばいいかということについてよく相談されます。

実際に、いろいろ複雑な事情があった人で、最終手段を実行した人もいます。親には居場所も教えないで完全に縁を切ってしまったのです。

その方は、これまでも母親から逃げて自分の家族だけの生活をしようとしたのですが、過干渉だった母親は逃げてもストーカーのように追ってくるそうなのです。そこで、ご主人と協働して、親に知られる前に住民票を変え、引っ越しして居場所すら隠したそうです。

これくらいしないと、過干渉の親はどこまでもやって来ます。そして、子どもに干渉するばかりか家庭にも干渉します。自分と自分の家族を守るための最終手段、それが「親との縁を切る」ことだと思ってください。

もちろんケースバイケースです。もうどうにもならない、このままでは自分の家庭が崩壊してしまうという危機的状況を迎えたときの方法です。ただかなりきついので、まずは、そこまでいかないくらいの緩やかな距離を置き、少しずつ遠くなっていく感じがいいと思います。

それは極端に言えば人間愛でしょうか。人間はいろいろな人がいるというような気持ちになって客観的に引いて見られるようになれば、たぶんそれは自分自身の成長でもあり、子どもにもすごくいい影響を与えると思います。

残念ながら、私の場合はうまくできなかったですが、ただ夫がサポートしてくれました。私の家族の状況をわかって結婚してくれたので、父母が存命中は彼らとのつなぎをやってくれて何とかなっていました。逆に夫は自分の母親と仲が悪かったので、私が夫の母親と仲よくなってつなぎました。今私は、むしろ夫の親族とのほうが数段近い関係になっています。

以上、この章では私の母親とのかかわりからずっと考えてきた「親子関係」が、本来どうあるべきであるかについて述べてきました。あの少女時代の母親との関係があったからこそ、親御さんたちの心の痛みがわかったのだと思っています。そして、私のところへ来る方は、無意識のうちに自分の親にいかに縛られて生きてきたのかを知ることで、その後の関係がよくなっています。

では、これまでの刷り込まれた価値観や常識といった「今の子育て」を変えていくためにできることは何でしょうか。次の章では、過去にとらわれない、今の子どもにとっての子育てのあり方、新しい価値観を共有していきたいと思います。

第3章

親の価値観を手放すと、自分の子育てが見つかる

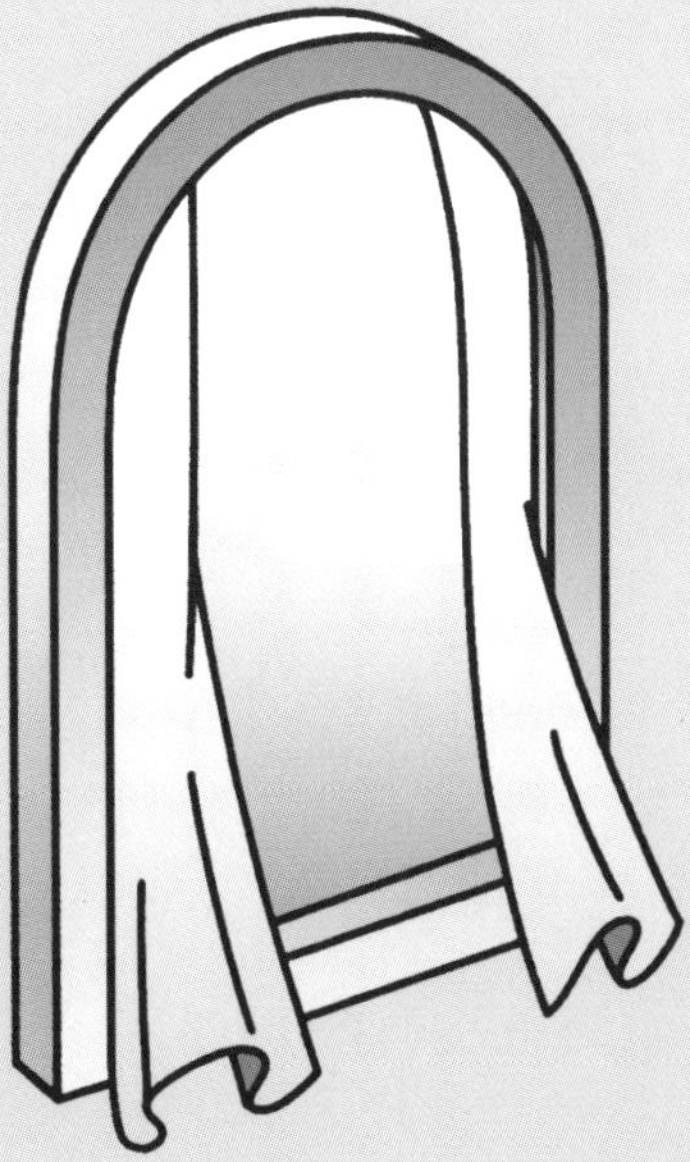

あなたの親の子育てではなく、自分の子育てを考える

第2章では、多くの人が自分の親の影響を受け、それを子育てに投影してしまっていることを知りました。そして、そうした「親の呪縛」から解放されることで子育ての悩みに対して楽になることがわかりました。

自分の親の「ファミリーヒストリー」を知ることで、今の子育てを考える前に、自分がどういう子育てをしているかに気づくことが大事だということです。そして、そうした悩みが解消された次の段階が、わが子に対する子育てをどうしていけばいいかという部分になります。

でも、そのためには子どもが将来どう生きていくか、どう生きていけば幸せな人生を送ることができるかを考える必要があります。その第一歩としては自分の親を知るということだったのですが、実は次のステップが、この本を読む方にとって大切なことになってくるのです。

それは**「自分自身を知る」ということです。**

子育てを「子どものため」に一生懸命やっているのはいいことですが、そればかりに

集中しすぎると過干渉になり、視野が狭くなってしまいます。それはけっして子どもにとっていいことではないことは、これまでも申し上げてきたとおりです。

そもそも、私のところに相談にやって来る親御さんの多くは、自分の親の子育てを投影してきた結果、「私と自分の子は違う。私は親にこう育てられたけれど、なんでうちの子は私のようにできないのだろう」と言います。「自分の親がやったのと同じ方法では自分の子は育たない」ということをわかっていない人が意外と多い気がします。

ですから、子育てでは自分自身の視野を広げる必要があります。自分の親とは違う子育てをしていくためにも、子どもが生きる未来を見据えた考え方が必要になってくるのです。

今子どもが置かれている時代背景を知ることが子育ての第一歩

あなたが親に育てられた時代、それは現代とはまったくと言っていいほど違います。

そして、親の価値観も大きく違います。まずはそのことを知っておかなければなりません。

私の父母世代、今の人からすると祖父母世代も入るかもしれませんが、この時代はとにかく年金制度が充実していました。ここは時代の大きな鍵になると思いますが、専業主婦が堂々と生きていけた時代です。専業主婦というのが年金制度でしっかり守られていたので、女性がキャリアを持っていたとしても結婚と同時に引退して、あとは子育てにまい進するという世の中だったからです。

夫のほうは高度経済成長（1954〜1973年）のまっただ中で、とにかくどんどん出世を目指して外に出てお金を稼いでくるという構図でした。そうした時代の親の価値観というのは、男の子は働いてお金を稼ぐ、そのためにはいい会社に入っていい給料をもらうために、少しでもいい学校に入れるという考え方でした。

女の子には高学歴の男性と結婚できるよう、いわゆる女の子らしい教養、つまりピアノやバレエ、書道やそろばんといった習い事をさせました。

この時代は終身雇用も守られていて、年齢が上がっていけば給料も上がる。しかも金利がよい時代で貯金をしていれば資産も作れ、退職後も年金で守られるというライフスタイルが常識でした。ですから、子どもには塾や習い事にお金をかけることができたのです。

そうした高度経済成長はオイルショックとともに後退します（第一次オイルショック：1973年～、第二次オイルショック：1978年～）。公定歩合が9％に引き上げられインフレが起こりました。それまでの日本の産業は方向転換を図り、自動車のような付加価値製品で困難を乗り切ります。そして、あのバブル経済を迎えることになります（戦後の復興といい、こうした危機に日本が変わるのは日本人のDNAなのかもしれませんね）。

こうした時代背景がわかれば、自分の親がどう育てられてきたか知ることができると思います。そして、こうした価値観の祖父母（または父母）世代の子育てを投影して、あなたが子育てをしている可能性が高いことを知るべきです。

しかしこの間、時代は大きく様相が変わってきます。教育にお金をかけてきた祖父母世代が女性のキャリアを生み出し、働く女性が増え、給料の格差が問題になってきます。そこで1985年には男女雇用機会均等法が制定され、女性も働くという時代に突入しました。この時代の前後あたりが、今子育てをしている人たちが生まれたボリュームゾーンだと思います。

日本経済は永遠の成長を遂げると思われていた時代でしたが、やがてその成長は終わりを告げます。バブルの崩壊です。少し難しい話になりますが、実はこれが子育てにも大きく影響した出来事ですので、簡単に説明しましょう。

それまでの日本は好景気によって貯蓄が増大し、国も企業も個人もカネ余りの状況になりました。銀行は企業や個人にお金を使ってもらおうと金利を引き下げました。すると、融資が簡単に受けられるようになり、その資金は不動産などの投資へと回っていきます。

しかし、こうした過剰投資に待ったをかけた政府や日銀が金融引き締めの政策を取ることになります。そのため投資意欲は低下し、不動産や株価が一気に下がりバブル経済は崩壊を迎えるのです。

そこからの日本はご承知のとおりです。当初「失われた10年」などと呼ばれましたが、実際には「失われた30年」と、長いデフレ社会となっていくのです。

このデフレ社会が私たちの生活を大きく変えました。給料は上がらないどころか、企業も利益確保のためにリストラや非正社員（派遣社員）という形での雇用形態に変わらざるを得なくなりました。

このように、あなたの親世代の社会環境と今の状況がまったく違うということを知れば、親世代の子育てを投影しても同じようにいかないことが理解できます。親があなたを育てたように教育にお金をつぎ込み、いい学校を出て、いい会社に就職すれば子どもの将来は安泰だという時代ではないのです。

そうしたやり方をすれば子どもはどうなってしまうか。最終的に私のところへ駆け込んでくる人たちがそれを証明しています。

今の時代に合った子育てのあり方を考えよう

第2章でも述べたように、親の世代の子育てでいい部分は踏襲しようと思うのは、私は別にかまわないと考えています。また逆に、私のように反抗的に母と違う子育てをしようと思っても、どちらでもいいと考えています。

ただ、親の子育てを踏襲しても別にいいとは思うのですが、そのときにいったん、自分が今置かれている環境、もしくは自分の子どもが置かれている社会状況と、自分の親が育てたときの社会状況を歴史的に見て、その違いを知ったうえで踏襲できるところはどこなんだろうと考えていくことは必要です。

端的に言えば、今は年金制度なんてまったく期待できませんから、子どもの教育費に高い割合で資金をつぎ込むことが正しいとは一概に言えません。

たとえば、幼児教育にお金をかけすぎるよりは、ＮＩＳＡのつみたて投資など比較的安全な方法で、子どもの将来のために資産を増やしておくほうがいい時代に突入していると私は思います。それが、子どもが大きくなって仕事に就くときの選択肢を広げる可能性は高いです。

子どもたちの未来においては、多くの仕事がＡＩにとって代わられ、労働時間は短縮されるかもしれません。

そして仕事そのものも、お金を稼ぐ目的のための手段としてだけではなく、本当に自分がやりたいこと、もしくは本当に人のためになることとして選んでいく時代になる可能性も高いのです。

でも、そういった仕事には求めるだけの給料がついてこないかもしれません。そんなときに親がこつこつ増やしてきた資産が意味を持ち始めるかもしれません。

これはあくまで一例にすぎませんが、祖父母の時代は金利がよく、預金をしているだけで複利で利息が付いてきました。そうした環境で親が育てられました。でも、今は個人の預金もゼロ金利どころかマイナス金利になってもおかしくない時代です。親たちは年金もあるし、子どもが小さいときからいろいろな習い事をさせてあげられたけれど、これからはそうしたお金を子どもの将来に残してあげようと、自分の頭で子育てをオンデマンドで変えていく必要があるのです。

経済観念の欠けた親が多すぎるという現実

私のところに来る親御さんに、子どもが大人になって生きている世界はどんな世界なのかと訊くと、ほとんどの人が想像することができません。それが今やっている子育てとどう関係があるの？　と首をかしげます。

そこで先ほどのような話をするのですが、「では、投資をしたほうがいいでしょうか？」と言ってきます。私はただ投資をしなさいとだけ言っているわけではありません。

子どもに経済的な知識を入れていくことが重要だということをお伝えしたいのです。

アクシスは有料の支援施設ですから、金銭的には比較的余裕がある会員が多いのも事実です。だからこそ、目の前の子どもの教育だけに一生懸命にお金をかけるのではなく、子どもが成人するときを見すえて考えてほしいのです。

引きこもる息子さんと年を取るご両親

経済的に心配がいらない家庭の専業主婦のお母さんが相談に来ました。息子さんが中学生で不登校になってしまったのです。

最初に相談に来たとき、私は経済的な観点から話をしました。そして、最後に「でも、お父さんもいつか退職するんですよ。そのときにお子さんがお金を稼いでいないと大変ですよ」と言うと、お母さんは「いや、うちの夫は大手商社勤めだから何とかなるんですよね」と真顔で答えました。

その後、息子さんは引きこもりを続けましたが、やっと20代後半でアルバイトを始めました。でも彼は、そんなに長く働いたら体がもたないと言って、週に4日、1日3時間ぐらいしか働かないので本当に微々たる給料しか入ってきません。しかも彼はそれを自分の趣味である電車の模型につぎ込んでしまうので貯金もありません。でも、実家暮らしで生活費はすべて親が出している状態なので、まったく困っていません。

今になって、両親は大変焦っています。お父さんは早期退職をうながされてしまい収入がなくなりました。お母さんはパートをしていましたが、体を壊して入院してしまいました。それでも子どもの面倒を見なければならないのです。

私はこれまでもお母さんにはさんざん言ってきたつもりですが、実際に窮地に陥らなければ人は気づかないものです。

もちろん、私は子どもたち自身へも将来を想像してみることを伝えています。

「この生活を続けてて、もしもお父さんとお母さんが亡くなったらどうするの？」と訊くと、「そうなったら、家に籠城して、食べるものがなくなったら死にます」と答える〝20代、30代の子ども〟のなんと多いことか。

この状況になるとなかなか改善することは難しいです。ですから、親はそうなる前にどうすべきかを考えておかなければならないのです。自分の子どもが大人になって働く未来を考えるには、まずは親自身が経済的な知識をしっかり身につけておく必要があるのです。

さまざまな知識を身につけておくと子育ての幅が広がっていく

自分の親とはまったく違う時代に生きている今、それまでの刷り込みや価値観を変えなければ子育てはうまくいきません。自分の親がやったのと同じ方法では自分の子は育たない、と思うためには、わが子と自分は違うと認識しなければなりません。もちろん、同い年の他の子ともまったく違うと知らなければなりません。

こんな多様性の世の中で、習い事でほかの子と競うような画一的な子育てに子どもが悲鳴を上げています。親御さんの「集団の中で『うまく』やっていってほしい。そしてできればうちの子が一番であってほしい」という考えは、時代には合っていないのです。

子どもは、野っ原で何のルールもなく走り回っていることが好きだとか、1人でずっと図鑑を見つめていることが好きだとか、それぞれに特性があって当然なのです。

では、そんな子どもの特性をどうとらえるのか。それには世の中を俯瞰して判断できるような豊富な教養や知識が必要になってきます。

先ほどの経済的な知識もそうですが、こうした広い視野がないと子どもが自分の思うとおりにならないことや、他人と比べて劣っているといった判断しかできなくなります。それが結果的には過干渉になり、あれもこれも先回りして子育てに没頭します。

アクシスに来る親御さんの多くは、子どもが不登校となり引きこもり、様々な心身症状を呈して困った状態で相談に来られます。

そういった**子どもを支援するためには、「親自身が変わるしかない」ということをはっきり伝えます。**それは単純な子育てのテクニックではなく、考え方からそこにつながる行動、生活様式まですべてを変えてもらいます。

親御さんたちも本気で子どもを変えたいと思っていますから、自分自身も本気で変わろうとします。アクシスの「ペアレンティング・トレーニング」の知識や生活改善法を一生懸命学びます。だから親も子どもも別人のように変わっていきます。

教養や知識を備えることは、今や「子育ての武器」と言ってもいいくらいです。「親が戦略的に子育てをする」のです。

あくまでも戦略的にいこうと思えば、これまでとは違う「やる気」が出てきませんか。親が意図的に子どもの成長を導いていくための教養や知識なら、子どももあなたも成長できる一石二鳥の方法ではないでしょうか。

子育てのためにも「もっと本を読んでほしい」と言う理由

子どもが大人になったときの世界を先読みできるような力を身につけていくためにはどうすればいいか。一番いい方法は「読書」です。つまり、いろいろなジャンルの本に接していくことで、子育てにおいても戦略的な思考が備わってきます。

子どもには「本を読みなさい」と言っておきながら、自分は忙しくて本を読まないという親御さんがとても多いことに私は驚いています。

あるお母さんが「私は本をたくさん読んでいます」と自信たっぷりに言いました。そこで私が「どんな本を読んでいるの?」と訊くと、「子育て本です! 成田先生の本も

たくさん読みました！」と笑顔。それはとても嬉しいのですが……（笑）

子育て本ももちろん役に立つのですが、私の言っている読書とは、雑多なジャンルの本に接しようということです。

たとえば中高一貫の私立校など、同じ環境のコミュニティーで育ってきたような親御さんはわりあい思考の幅が狭いと感じることが多いです。それは悪いことばかりではないのですが、ママ友なども価値観が同じような方たちのコミュニティーなので無意識のうちに視野が狭くなっていきがちです。社会にはまったく違ったコミュニティーがありますし、コミュニティーを離れた世界でまったく違う生き方をしている人もいます。

一番いいのは、自分とは違う世界に触れていくことなのですが、それは難しいので、その代わりに疑似体験できるのが本なのです。

ところが現代では、忙しい子育ての毎日の中で、一番手軽に接触できるのがスマホから得られる情報です。でも、そこから得る情報も非常に限定的で、一方向な深掘りになってしまっています。

もちろん、ネットの情報を否定するわけではありません。それも含めた多様なメディアに接することで疑似体験はできるわけですし、多くの知識を入れることができます。

ただ、スマホやパソコンで検索してヒットするような、結局は子育てのノウハウに終始してしまうような子育て情報だけではなく、いろいろな情報を入れてほしいというのが私の願うところです。

さまざまなジャンルの本を読むときの手がかり

私が大学で精神医学を教えている学生たちに「次の授業までに、あなたが興味を持った本があれば私に紹介してください」とお願いしたことがあります。

純粋に今の学生たちはどんな本に興味があるのだろうと思ったからです。私は自分自身でも興味のある本を紹介しようと、書棚にある面白そうな本をあれこれと選んでいました。

そして授業当日。学生たちが机の上に出した本は、なんと精神障害の本や児童心理学の本だったのです。私はそんなことまったく言っていないのに、みんな目的を持った本しか持ってきません。どんな小説を紹介してくれるのだろう、私の知らないどんなテーマの本を紹介してくれるのだろうと思っていた私ががっかりしたのは言うまでもありません。

目的を持った本を読むことが悪いというわけではないのですが、そればかりだとやはり視野は狭くなってしまいます。子育てにおいても、とにかく世の中にはいろいろなケースというか家庭もあるし、自分の育ってきた環境だけが世界のすべてではありません。

自分の環境が社会のすべてではないということを知っておいたほうが、私は子育てに余裕ができると思います。

たとえば、過去のことでも戦時中はこうだったとか、江戸時代はこうだったとかということも知っておいたほうが子どもにかける言葉の幅が広がりますし、未来のことを予測したようなSF小説だっていいわけです。星新一さんの小説なんかは、現実になっているようなことがいっぱい書かれていたりします。

ですから、さまざまなジャンルの本、小説なり歴史書なり経済書なり哲学書なり、何でも読んでみると、そこから情報が入り、人生の幅が広がってくるのです。

では、どんなテーマの本を読んでいったらいいでしょうか。

いろいろなジャンルの本を読むとひと言で言っても、逆に何を読んでいいのかわからなくなるという人も多いので、一例としてわかりやすいテーマ探しを紹介しましょう。

『1日1ページ、読むだけで身につく世界の教養365』（デイヴィッド・S・キダー&ノア・D・オッペンハイム著、小林朋則訳／文響社）というベストセラー本があるのですが、この本の中にどんなジャンルの教養を身につけていけばいいかというヒントが書かれています。

この本の構成にもなっているのですが、「月曜日＝歴史、火曜日＝文学、水曜日＝視覚芸術、木曜日＝科学、金曜日＝音楽、土曜日＝哲学、日曜日＝宗教」という流れが紹介されています。

つまり、この7つのジャンルに沿って面白そうと感じた本を雑多に読んでいくのがお勧めです。この本はアメリカの翻訳本ですので「宗教」の教養を身につけるとありますが、私は宗教も大切だと思っています。

日本人は宗教というとアレルギーがある人が多いと思いますが、別に『聖書』や経典を読みなさいということではなく、神社の本などでもいいと思います。宗教も思考の幅を増やすためには大事なものだと思っています。

ということで、各ジャンルについて「こういった内容の本を読んだらいい」という、本選びの考え方を簡単に解説します。

【歴史】

歴史とひとくくりに言ってもさまざまな歴史があります。日本史、世界史（各国史）、民族史、歴史の教科書、年表……など、簡単な入門書から難しい専門書まで実に幅広いジャンルです。

でも、子育ての幅を広げるという視点から言えば、たとえば前にも述べたように、「江戸時代の生活や文化はどうだったのだろう」とか「今の世の中につながっている風習は何だろう」といった視点で本を選んでもいいと思います。「歴史は現代の教訓」ですから、歴史を知ることは今につながるのです。

私は最近、「経済はどう変化してきたのだろう」という視点から経済史の本を読んでいます。将来、世界や日本の経済に大きな出来事があった際、経済の流れがわかれば親として備えるべきものが見えるかもしれませんから。

戦国武将のゲームから「歴史博士」に

あるお母さんは、小学生の息子さんが戦国武将が出てくるスマホのゲームに夢中になっていることを知り、自分も戦国時代の歴史を学ぼうと本を読み始めました。そうしたら、息子さんが本を手に取り夢中で読み始めたそうです。

これがもし過干渉の親ならば、いくら戦国武将に詳しくなってもほとんどテストには出ませんから、「そんなムダなことに夢中になっても成績は上がらない」と叱るだけです。でも、その息子さんは戦国武将から派生して歴史が大好きになり、歴史に関してはクラスで「歴史博士」と呼ばれるようになったそうです。

こうした心の余裕が、自然と子育てにつながっていきます。

【文学】

文学はそれこそ何を読んでもいいと思います。小説などは読むだけで想像力を豊かにしてくれますし、どんな世界にも連れて行ってくれます。そして、大事なのは表現力が豊かになっていくことです。

昔、ある実験をしたことがあります。小学校の教科書に出てくる「抽象語」をどれだけ理解しているかというテストを親子でやってもらったのです。抽象語とは、たとえば「安全」とか「幸福」といった単語です。

これは概念として子どもがとらえるのはかなり難しく、基本的には脳の前頭葉ができ上がる小学4年生以降から発達してくるのですが、これを小学生の子どもと親御さんに同じ問題を解いてもらったのです。

すると、面白い結果が出ました。かなりの確率で2人が同じ箇所の問題が解けなかったのです。

例に出した「安全」という抽象語は、子どもでもけっこう正答率が高く、それはたぶん学校で交通安全教室などおまわりさんが来て講習してくれるからだと思われました。いっぽうで、「幸福」は親が意識的に子どもの前で説明することは少ない言葉なので、高学年になっても意味を把握できない子が多くいたのです。

このように抽象語は難しいので、それをきちんと理解するのには文学に触れるのが一番適しているのではないでしょうか。また子どもに説明するにしても表現力が身につくので、たとえ話などを使って子どもに話すことも可能です。ですから、小説を読むことはけっしてムダではありません。

私は梨木香歩さんの小説『西の魔女が死んだ』（新潮文庫）が大好きです。

「中学生の女の子のまいちゃんが学校に行くのが苦痛になり、ひと月あまりの間、西の魔女と生活します。この西の魔女とは古風な生き方をして暮らしている、まいちゃんが大好きなおばあちゃんです。祖母のところでまいちゃんは魔女の手ほどきを受けるのですが、修行のルールが『何でも自分で決める』ということでした……」

ネタバレしてしまうので内容はここまでにしますが、この物語は幸せに生きるヒントがたくさん書かれています。そして、本当に価値あるものは何なのかを教えてくれます。「幸福」というイメージもどんどんふくらんでいきます。これって、子育てにもおおいに役に立つと思いますよ。

【視覚芸術】

視覚芸術というと少し難しく聞こえますが、要は「美術」と言っていいでしょう。絵画、彫刻、建築物、写真、現代アートなどは心を落ち着かせてくれるものです。

ここで大事なのは、あなた自身がリラックスすること。絵画集や写真集などをリビングで広げて眺めるだけで、子育てでいっぱいだった頭の中も平静を保つことができます。しかも、そんなリラックスしている親の姿を子どもが見るだけで、子どもの心も安らぐものです。

家にそんな本があると、それだけでも心穏やかになりませんか。心に余裕が出てくると、実際に絵画展や写真展に足を運ぶこともできます。

私は最近、棟方志功展に行ってきましたが、祖父母の家に彼の版画集がたくさんあったのを思い出しました。第2章のファミリーヒストリーでも登場した母方の実家ですが、祖父が芸術家たちを集めた実験集落のようなものをつくっていました。そこに棟方志功もかかわっていたようで、とにかく版画集やら本がたくさんありました。

私は祖父母の家にあった『牧野日本植物図鑑』（著者の牧野富太郎はNHKの朝の連続ドラマ『らんまん』の主人公モデルになった植物博士です／北隆館）を食い入るように見ていましたが……。

私は美術には興味を示さなかったのですが、こういった本が家の中にあるだけでも、いつの間にか子どもが手に取っているかもしれません。

【科学】

私はこのジャンルはもっと広げて考えてもいいと思います。いわゆる理系的なジャンルです。生物・物理・科学・化学・数学・工学、そして医学など、こう言うと難しいですが、子どもも何かしら興味を持つものです。

このジャンルは、もしかしたらお父さんの出番かもしれません。

生物であれば、昆虫、動物、海洋生物、恐竜などがありますし図鑑もあります。物理であれば宇宙に関する本などは子どもが目をキラキラさせながら眺めます。科学や化学も米村でんじろう先生のような面白い実験がたくさんあります。数学もドリルではなく数の不思議を解説した本もあります。工学なら乗り物などは男の子が一度は通るジャンルでしょう。医学にしても、体のしくみや脳のしくみなど子どもでも理解できる本がたくさんあります。

もちろん、こうした知識はいわゆる学校のテストとはほど遠いかもしれません。でも、こういった本は子どもが自然と本好きになる大切な要素です。子どもは何に興味を持つかわかりません。ですから、親が日頃からこういった本を読んでいるということが大事なのです。

過干渉の親は、子どもの教育にいいからと勉強になる本を無理やり読ませようとします。そうではなく、大人が面白そうに読んでいれば子どもはその姿を見て興味を持つものです。そのうち子どもと一緒に読むような形になれば、子どもの脳はどんどん刺激され成長していくはずです。

【音楽】

このジャンルは、本という形式でなくても音楽そのものを聴くということでもいいでしょう。音楽に関する本であれば、たとえばピアノを習っている子どもなら、楽譜を取り出して弾かせるといった干渉することではなく、作曲家の話をしてあげる（子どもが興味を持つようにです）ほうが断然いいと思います。

プロの演奏家は、演奏技術が一流なのは当たり前で、その曲の意味や歴史的な背景などを理解して、それを自分という表現者として演奏すると言います。別に子どもをプロにするわけではないにしても子どもなりの理解、言い換えれば、表現力が身につくかもしれません。

あとは、自分が好きな音楽を聴くだけでいいと思います。勇気や元気の湧く曲、心穏やかになる曲、乗れる曲など、あなたが大好きなアーティストの曲を家でかけてみましょう。

　音のある家庭は、それだけで子どもとのコミュニケーションも円滑になります。

【哲学】

「哲学書も読むの？」と思った人もいるでしょう。でも、哲学は古代ギリシャ時代から偉大な思想家が「人生と宇宙の意味」を解明しようとしてきた学問です。とはいえ、哲学の教養を情報として取り入れるにはハードルが高すぎます。

　そこでお薦めなのが「自伝」です。

　自伝というと、あなたも子どもの頃に読んだはずです。エジソンしかりリンカーンしかり……。おそらく今の子どもたちも自伝を読んでいるでしょう。いわゆる偉人たちも学校になじめず中退したり、いくつもの職を転々としたのちに成功を収めたという話はたくさんあります。

　別に偉人でなくてもいいのですが、彼らにヒストリーがあるように人はみんなヒストリーがあります。そうした生き方を知るだけで、自分自身の生き方の考え方がインスパイアされますし、子どもの生き方も肯定できるようになります。

私は中学生のとき、ロックバンドのエアロスミスが好きで、ボーカルのスティーヴン・タイラーの自伝はそうとうぶっちゃけていて面白かったです。彼は、小学校で先生の手に負えないいたずらや脱走をくり返して追い出されているのです。彼はそのあと私立の学校に入れてもらえたのですがそこも追い出されて……。結局、彼は小学校中退なのですが、大ロックスターとして70歳を超えた今でも活躍しています。

実は、なんと早寝早起き。朝もしっかりご飯を食べて散歩をしているそうです。ロックスターが……。

【宗教】

最後に宗教です。この項の冒頭にも言いましたが、宗教と言ってもその思想を深く学ぼうということではありません。神社の本だとか、あるいはスピリチュアルのような本でもいいかもしれません。大事なのは、日本の生活様式に根付く宗教的な部分が心の中にあることがわかれば十分です。

こと宗教に関しては、日本人はアレルギーを持っている人が多いと思います。でも、世界を見れば宗教が世界を動かしていると言っても過言ではないのです。

今なお続いている、イスラエルのパレスチナ・ガザ地区への侵攻もユダヤ人迫害の歴史が大きくかかわっています。世界は長い宗教的な歴史の中に現在の問題が続いています。こうしたことを学ぶだけでも、今世界で何が起こっているのかを知る大事な情報になるのではないでしょうか。

【そのほかにお薦めできる本】

7つのジャンルの本とは異なりますが、アクシスでは子どもたちがそれこそ真剣になってしまう本があります。それが「クイズ・パズル本」「間違い探し本」です。

私は子どもたちへの小ネタとしてクイズ本を集めてきて、すぐに出せるクイズを100個くらいは常に用意しています。ワークとしてクイズをやると子どもたちはすごく乗ってくるのですが、親御さんたちはあまり乗ってきません。それよりも勉強してほしいからです。

ネタを仕込んで子どもたちにやってあげてと言うのですが、「そういうのはちょっと……」と言って遠慮されてしまいます。

勉強させるよりもよっぽどいいと思うのですが、ピンときていないようです。パズル本や間違い探し本などは、子どもは本当に集中して取り組みます。

「うちの子は集中力がなく、全然勉強をしないんです」と連れられてアクシスに来た子は、間違い探しの本をポンと渡すと急に静かになって集中し始めました。

親御さんが「もうわからないんだったら、やめていいよ」と言っても、「最後までやる」とずっと集中していました。

こういったパズル本や間違い探し本を一緒にやってもらって子どもと競うといいのですが、「苦手で……」のひと言で、どうも乗りが悪い。ドリルに集中させたいのはわかります。でも本当は、こういったところから子どもの集中力を磨くことができるのですが。

ただ、これも子育てを戦略的に考えればいいだけです。パズル本も大人がわざと負けてあげて一枚上手で接するくらいの気持ちでやってほしいなと思います。

自分が興味のあることでOK

私は多くの親御さんに、とにかくいろいろなジャンルの本を読んだらいいですよと言っているのですが、実際には本を読む習性というのはなかなか身につけにくいものです。とくに大人になってからは、日常生活に埋没して本を読むゆとりがなくなってしまいます。

しかし、ノウハウ本に終始するよりも子育てにとってもっといいことは、少しはご理解いただけたのではないでしょうか。過干渉の親は矛盾が生じるということを述べましたが、子どもに本を読ませたいなら、日頃から親が本を読む習慣がなければ子どもが本好きになるわけはありません。そうした矛盾を子どもはすぐに察知します。そして、子どもだから本を読まなければならないということが心の負担になって苦しくなります。

ですから、本を読むというのも子育て戦略と考えて、親が意図的に取り組んでいただければと思います。

「自分が興味のある本を読む」でいいのです。大事なのは親も本を読むことで、子どもに本を読ませる軸がブレないことです。

私の知り合いに北欧ミステリにはまっているお母さんがいます。その人は北欧ミステリが好きすぎて、スウェーデンに住む日本人の翻訳家の女性にSNSでファンであることを熱く語ったら、なんと友達になったそうです。

すると、彼女が日本に帰ってきたときには実際にお会いして、翻訳の裏側からスウェーデンの生活までたくさんの話が聞けたそうです。また、彼女の講演会に子どもと一緒に出かけたりしています。

子どもは北欧ミステリにそれほど興味があるわけではないのですが、お母さんが楽しそうにしている姿を見て喜んでいます。読書好きのお母さんに、「どんな本が面白そう？」と聞いて2人で本の話をしているそうです。

本好きの親なら、本好きの子どもに育つといった典型的な例です。とはいっても、どうやって親御さんを教養に向かわせられるのかというのは、いつも少し悩ましいところです。そこで別のアプローチがあります。今述べた**「親が楽しそうにしている姿を見て喜んでいる」という子どもの姿が鍵なのです。**

親が夢中になれることをするだけで子どもが応援してくれる

時間がなくて本を読めないという方は多いのですが、自分の趣味にならもう少し取り組みやすいと思います。とはいえ、子育てに忙しく趣味のための時間もないというのが実際のところです。

私は、「子育てだけでは疲れますよ。せめて趣味でもお持ちになったほうがいいですよ」ということも提案します。ある方に「趣味は?」と訊くと「趣味は子育てです」と真顔で言ったりします。もう笑えないですよね。

また、「趣味がなくて……」という人もかなりいます。無理に趣味をつくろうと、そこで悩み始めます。「スマホを見るし、ユーチューブなんかも見るけど、これは別に趣味ではないし……」と、本当に真面目な人はそこで悩みモードに入ってしまいます。

そういったとき私は、**「子どもの頃や結婚する前に夢中になったこと」を思い出してもらうようにしています。**

金髪に革ジャンでアクシスにやってきた

不登校で朝も起きられない小2の女子のお母さんは、昔ヴィジュアル系ロックバンドが好きで、コンサートに行っていたことを思い出しました。追っかけをやっていたくらい好きだったのですが、結婚して子どもが生まれ、子育てにまい進するあまり、そのことすら忘れていました。

私は、「そのときのことをもう1回、思い出してください。そうしたら子どもにだけ向いていた目も少しは薄まるかもしれませんから」と伝えました。

彼女が次の外来に来たときです。なんと彼女は金髪姿で、髪を逆立てた状態でやって来たのです。服装も赤い革ジャンを着ていて、もうびっくりして、私から話を口にすることができませんでした。

すると彼女は、「先日、彼らのコンサートがあって、チケットを取って行ってきました。そんな風に過ごしていたら朝は声かけしなくても自分から笑顔で起きてきて、朝食をパクパク食べ、笑顔で『行ってきます！』と学校に行くようになりました」と、満面の笑みで答えたのです。

息子の習い事にハマって試合に出る

別のお母さんの例もあります。彼女は本当に趣味らしい趣味がなく、私が「何か新しいことを始めてみたら？」とアドバイスをしました。しかし、子どもにたくさん習い事をさせていて趣味をやる時間もない、とくに3人いる子どもの一番下の息子が空手を始めたため、それに時間が取られているということでした。

毎回、空手道場の片隅でほかのお母さん方と見学をしていたのですが、息子のやる気が見られずイライラしっぱなしでした。「やればできる子なのに、なんでほかの子にやられてばかりいるの？」と思っているうちに頭痛が現れました。

そんなモヤモヤを抱えながら、彼女は私の言葉を思い出しました。「だったら、私も空手をやってみよう」と。実は彼女は高校までバスケをやっていて運動が得意でした。ただ、体を動かすことが好きなのと空手は結びつかなかったのです。

彼女は同じ道場にある青年部に入会しました。息子のいる少年部のあとに青年部が練習を始めます。彼女の練習が終わったら息子と一緒に帰ればいいだけです。

さて、彼女は初心者ですので当然白帯からのスタートです。でも始めてみると、これが楽しくて仕方がなくなりました。もともと運動が好きなこともあり、昔の自分を思い出したのです。そして、彼女が空手を始めて半年後、少年部も青年部も地域の試合がありました。

息子は試合があるたびに出場を嫌がっていましたが、彼女は試合に出たくてたまりません。もちろん初心者の部ですが、彼女が参加したいというれしそうな姿を見て、息子も試合に出る気になったそうです。

そこからは、試合に向けて家でも2人で軽い組手をして練習しました。しかし、子どもとは言っても初心者の自分よりは断然うまいのです。それが悔しくて、1人でも一生懸命練習をしていました。

しかし、試合は1回戦で負けてしまいました。でも、息子は準決勝まで勝ち上がったのです。うれしさ半面、悔しさ半面、自分も空手がもっとうまくなりたいと思ったそうです。

そんな彼女の姿を一番問題だった上の子どもがずっと見ていました。そして、「今度、試合があったらお母さんを応援しに行くよ」と言ってくれたのです。

次の試合、そこには心配の種であった上の子どもの声援がありました。そして、初めての勝利に彼女の顔は涙にぬれていました。試合のあと、子どもはお母さんにこう言ったそうです。

「お母さんが自分のこととか家族のことじゃなくて、お母さん自身のことで泣いているのを見るの、とてもうれしかったよ」

「心配される子」から信頼しあえる親子に進化した瞬間です。

この2つの例のように、親が楽しんでいる姿を見るだけで子どもが変わっていきます。夢中になって楽しんでいる姿こそ最高の子育てだと思いませんか。

だから私は、何か夢中になれることを子育て中に探せれば、「これはしめたもんだ」と思って軽い気持ちで始めてみればいいと思います。**そこには、あなたの親の投影はいっさいありません。**親自身が変われば子どもは自然と変わっていくものです。

そしていつか子ども自身も、自分がかつて夢中になれたものが大人になって生きてくるのです。

子どもが夢中になっていることも応援してみる

私の話になりますが、お話ししたとおり、かなり変わった子どもだったかもしれません。親の趣味と言えば、子どもの教育で社会にリベンジするようなものでしたから、とにかく私が勉強以外で夢中になることは頭ごなしに否定されました。

私が中学生の頃に夢中になったものがあります。それはアメリカの映画やドラマです。

最初のきっかけは、ジョン・トラボルタとオリビア・ニュートン・ジョンが出ていた『グリース』というミュージカル映画でした。ジョン・トラボルタ主演の大ヒット映画『サタデー・ナイト・フィーバー』の次に撮られた作品です。

内容は1950年代のアメリカの高校を舞台にした、ちょっと不良の男の子と優等生の恋愛を中心としたひたすら明るいミュージカル映画。私はそれを観たときに世界が一変しました。

とくにオリビア・ニュートン・ジョンがかわいくて、サーキュラースカートをはいて、白いチビ襟のブラウスにカーディガンをはおるファッションとブロンドのポニーテールのキュートな姿に憧れました。教科書をバンドで十字に留めて、それを抱えて高校に通う姿やハイトーンボイスでの歌と踊りが最高でした。

とにかく私にとっては別世界のかっこよさでした。そして『グリース』好きが高じて、ついに5年前に市民劇団の門を叩き、自身がミュージカルに挑戦しているのだから人生って面白いと思います。

このように中学時代の私はアメリカに憧れました。当時、ローラ・インガルス・ワイルダーの本をドラマ化した『大草原の小さな家』というNHKのドラマも大好きで観ていました。ビデオに録ってくり返し観て、さらに英語音声に切り替えて観て……と文字通りすり切れるまで観ているうちに英語が大好きで得意になっていました。

憧れしかないアメリカという国に行きたい、そこで研究者になりたいという夢はこのときに芽生えました。結果的に、私はポスドク研究員としてアメリカの大学に留学して発生・発達の研究をしましたから、あの中学生の頃の感動が、今の人生にもつながっています。

でも、当時母親からは「くだらない」のひと言でけなされました。確かに『グリース』が教養高い文化芸術作品かと言われれば、そうではないとは思います。でも、アメリカが好きになって、絶対にアメリカに行くと決めるきっかけになった、生まれて初めて自分でお金を払って観た映画です。5年後アメリカに留学してからもやっぱり忘れられなくてブロードウェイミュージカルを何度も観に行きました。私にとってはかけがえのない大切な作品です。

私は親を冷静に見ていましたから、いくらけなされてもへこたれませんでしたが、親から頭ごなしに否定されると子どもは「やっぱり理解されない」と思ってしまい夢を諦めることにもなりかねません。でも、本来はそこに寄り添って応援するのが親の役目です。大人が夢中でやっていることを、子どもは自然と応援するように、子どもが夢中になっていることを親が応援することは、もしかすると子どもの人生を決定づける大切なきっかけになるかもしれないのです。

子育ては「自分らしい生き方」を始めることが第一歩

自己肯定感という言葉が世の中に認知されて普通に言われるようになりました。自己肯定感とは、簡単に言えば「自分をポジティブにできる感情」です。

この言葉は、子育て本にも普通に使われるようになり、「子どもの自己肯定感を上げる方法」といったノウハウ本もたくさんあります。そのせいか、真面目な親は「どうしたらわが子の自己肯定感を上げることができるか」ということに必死になります。過干渉の親ほど、子どもの自己肯定感を上げるために励ましや叱咤《しった》激励の言葉を投げかけます。しかし、これは子どもに〝自分〟の期待どおりの子になってほしいという言葉にすぎません。

「頑張ればできるよ」「できると思ってやればうまくいくからね」「私はあなたができると信じているよ」といった言葉は、子どもにしてみれば「努力が足りない」「できると思っても、結局できない自分が悪い」「親の期待に応えられない」と思うだけで、子どもの自己肯定感は下がっていきます。

そして、こうした言葉のプレッシャーは子どもにとって過度のストレスになっていきますから、徐々に自律神経に支障をきたし、自分ではどうしようもないくらい体調に異変をきたし学校へ行けなくなる。

私は多くの相談を受けてきて、本心を隠して生きている子どもがいかに多いかを感じています。私の場合は母親にすべて否定されて育ってきましたから、余計にそうした子どもの気持ちがわかります。

子どもたちは私と話をするとき、「うちの親、本当にきついんだよな」「親の存在が重い」と心の内を吐露します。本当の自分を出せない家庭生活はめちゃくちゃしんどいんです。

でも、考えてみてください。あなたが一生懸命に子育てをすることもしんどいはずです。相談に来るほとんどの親御さんは、「子どものためにこんなに一生懸命頑張っているのに、うまくいかないのは自分が悪い、自分の努力が足りない」と思っています。

そうです。自己肯定感が低いのは親自身なのです。

親の自己肯定感が低い状態で子どもの自己肯定感が上がるはずがありません。

あなたが夢中になれることを始めることは、実は「あなたの自己肯定感を上げる方法」なのです。そこにはうまくいかないこともあるでしょう。子どもと同じことを始めれば、子どものほうができる姿を目の当たりにするでしょう。でも、それでいいのです。それでも、**あなたが夢中に楽しむ姿を見せることで、子どもの自己肯定感は何もしなくても上がっていくのです。**

これって、自分も楽しくなる「子育て戦略」だと思いませんか。

さあ、ここまでであなた自身の「軸」ができたと思います。親を投影してきた自分から解放され、これまでの自分から解放され、自分らしさを取り戻すことができるはずです。そうなれば、周りに左右されず、自分のよいところを自分で発見できることでしょう。

ここからは、楽しく新たな子育てに挑戦です。あなた自身の軸ができれば今度は「子育てにおける軸」をつくるために親ができることがあります。次の章では、あなたが子育てでブレない軸を発達脳科学の視点から解説していきます。

第4章

発達脳科学で見る「脳育て」の方法

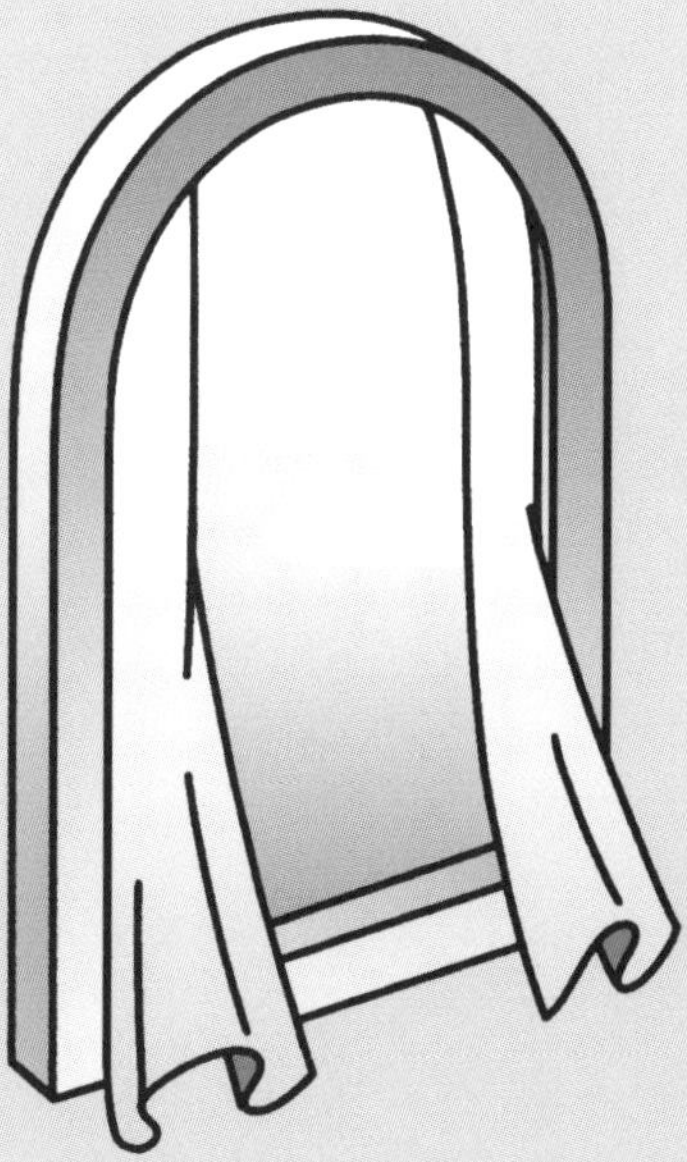

子どもの成長＝脳の成長
脳の発達には3つの順番がある

子どもの成長にとって一番大事なのは「脳の成長」です。 発達脳科学では、発達とは「子どもが生まれてから約18年間を通して体の大きさやその機能を成長させていくこと」としています。

脳には脳幹や大脳辺縁系といった古い脳と、大脳と言われる大脳新皮質や前頭葉といった新しい脳があります。一般的に、動物が持つ古い脳は弱肉強食の世界を生き残るための本能的な脳で、もちろん人間にも備わっています。しかし、動物と大きく違う点は、人間は新しい脳を獲得したという点です。

この新しい脳は、人間の成長とともに確立されていきます。つまり、子どもが生まれてからおよそ成人するまでの間にでき上がってくるものです。

子育てにおいて大切なのは、この新しい脳を正しく成長させることで、これは親にしかできないこととということになります。そして、脳は一気に成長することなく段階を経ながらつくられていきます。それをサポートしていく**「脳育て」が親の役割ということ**

になるのです。

では、子どもの脳の成長段階はどうなっているのでしょうか。発達脳科学では脳の成長には3つの順番があります。

脳が成長する順番

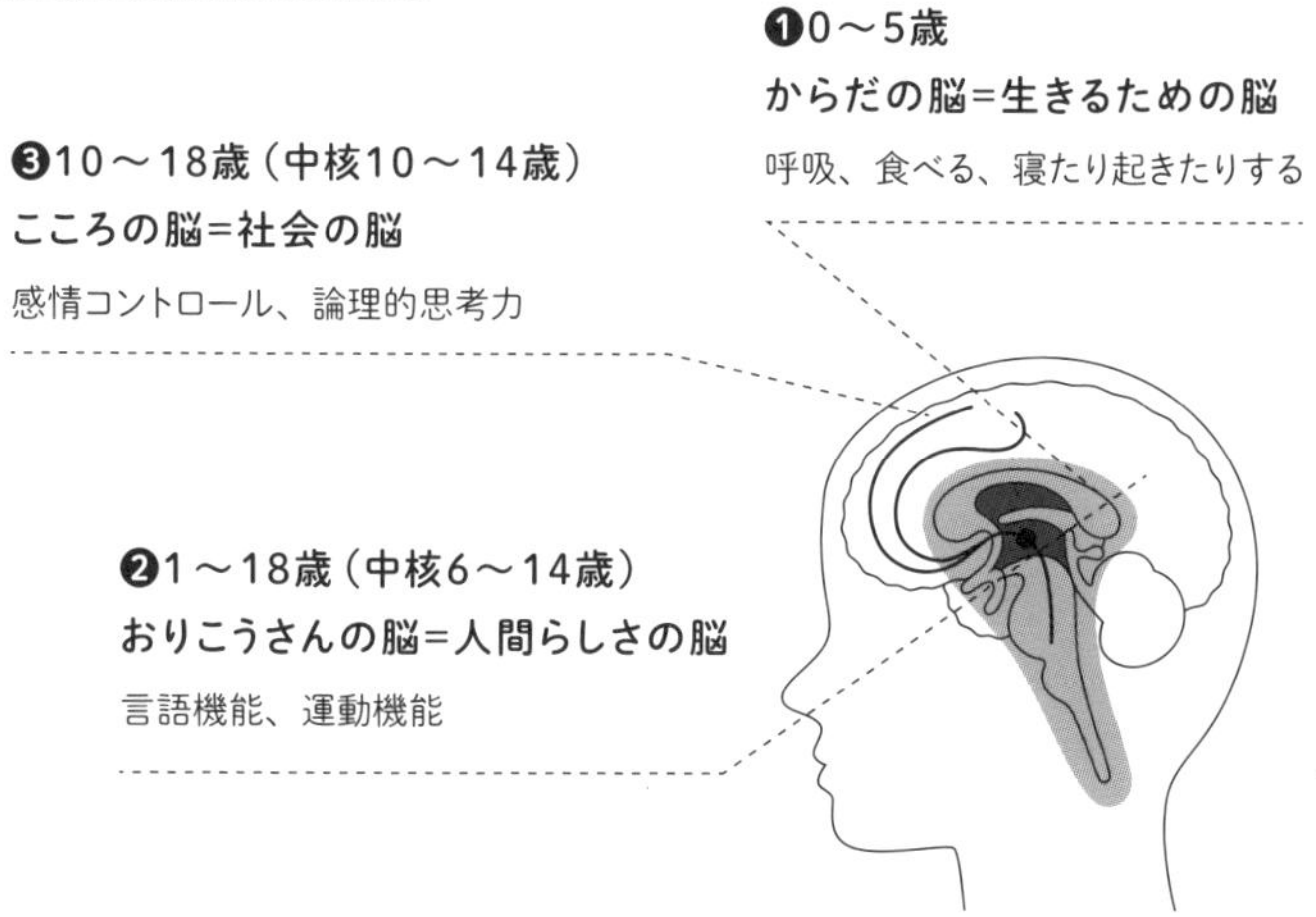

【からだの脳】

「からだの脳」とは、本来動物に備わっている本能をつかさどる脳で、大脳辺縁系や脳幹や間脳、扁桃体といった脳の芯の部分にあたります。ここをしっかりと育てなければ生きてはいけないといった大切な「生命維持装置」です。言い換えれば**「原始的な脳」と言っていいでしょう。**

動物は生まれてすぐ生き残るための防御本能が発達していきますが、人間は0歳から5歳くらいの間で備わっていきます。

生まれてすぐの赤ん坊は、自分で動くことができず、おなかが空けばミルクを欲しがって泣き続けます。寝ることも食べることも自分ではコントロールできず、脳は本当に赤ん坊そのものです。

それがやがて体が大きくなり首がすわるようになります。お座りができてハイハイをするようになり、朝は起きて夜は眠るといったような生活リズムが生まれ、立って歩くようになり、喜怒哀楽を表情や声で表現できるようになります。

こうした脳と体の成長は生まれてから5歳くらいまでに機能として備わっていきます。

【おりこうさんの脳】

「おりこうさんの脳」は人間ならではの脳で、大脳新皮質が発達する段階です。1歳くらいから18歳（中核は6～14歳）まで成長し続けます。というのも、**この脳は言語機能や思考、スポーツなどの技術的な機能（微細運動）などを担っている部分だからです。**

脳科学では大脳化と呼ばれていますが、人間以外の哺乳類や鳥類も生存や繁殖に有利に働く行動を大脳化によって獲得したと言われています。

といっても、人間の脳の進化はそれと比べものになりませんから、さまざまな機能を獲得していきます。

【こころの脳】

最後に育つのが「こころの脳」です。この脳は10歳を過ぎてからようやく発達・完成していく脳です。

大脳新皮質の中で最も高度な働きを持つ前頭葉は、動物にはない理性的・論理的な思考を行い、「想像力」「判断力」「感情のコントロール」「人を思いやる心」の働きをします。「こころの脳」は、「からだの脳」から前頭葉をつなぐ神経回路のことを指します。

この脳は、**わかりやすく言うと「社会の脳」です。**たとえば喜怒哀楽といった情動をそのまま出せば私たちの社会では問題が起きることが多くあります。そこで、「からだの脳」で感じた情動を「こころの脳」にある前頭葉につないで、自分が取るべき最良の言動を判断し実行します。

子どもの脳の発達に沿った子育てとは、まずは「からだの脳」というしっかりとした土台をつくり、その土台の上に「おりこうさんの脳」をゆっくりと積み上げていくといった順番が正しいと言えます。そして、「からだの脳」と「おりこうさんの脳」をつなぐ「こころの脳」ができ上がっていきます。

そのうえで、親はそれぞれの脳の発達段階で「ブレない軸」を確固として持ち続けなければなりません。

ですから、土台となる「からだの脳」ができる前に「おりこうさんの脳」や「こころの脳」をいくらつくってもバランスが崩れて倒れてしまう危険性があります。

たとえば、2階建ての家を建てるとしましょう。1階は「からだの脳」、2階は「おりこうさんの脳」、その2つをつなぐ階段が「こころの脳」だとします。

理想的な〝家づくり〟は、まず1階部分を大きくしていき、その土台を完成させていきます。そのあとで少しずつ2階を増築していけば、あとで2階をどんどん大きくしていっても土台がしっかりしているのでビクともしません。そして、1階と2階をつなぐ階段ができる。これが理想的な〝家づくり〟です。

しかし過干渉の親は、1階がしっかりとでき上がる前に2階に目が向いてしまいます。言い換えれば、「からだの脳」がまだでき上がっていない状態なのに「おりこうさんの脳」を育てようとしてしまうのです。

まだ「からだの脳」ができ上がっていない子どもを、小さいうちから勉強ができる子や、スポーツができる子といった賢《かしこ》げな子にしようとします。すると子どもは、1階の土台ができていない状態で2階部分がどんどん大きくなってしまうので、途中で家が倒壊してしまうのです。

たとえば、保育園や幼稚園に行けなくなる、小学校で不登校になる、中学生で暴力的になる、そして大人になって社会に順応できなくなるなど、土台の強度や大きさによってその瞬間が違ってくるというだけなのです。

アクシスに駆け込んでくる多くの家庭の子どもの脳では、この家が倒壊しています。でも、そこから子どもが変わることは可能です。なぜならば、親が変われば子どもが変わることができるからです。それは、「子どもの脳の発達段階」を理解して親自身が「ブレない軸」を持って、これまでの子育てを変えていくということなのです。

「軸」がありすぎる矛盾した家庭のルール

どの家庭においても「家庭のルール」というものをお持ちだと思います。ルールというものを家庭の中でつくろうと思う親御さんはすごく多いのですが、その**ルールが多岐にわたりすぎて、多すぎるのが問題です。**ほとんどが「親目線からの一方的なルール」で、ルール一つひとつを子どもが守れなければ叱るということが起こります。でも、子どもにとってはたくさんありすぎます。

そうすると結局、どのルールに対して叱っても子どもが言うことを聞かないという現象が起こってきます。これは多くの家庭で起こっているジレンマです。

たとえば、0歳から5歳の頃にあまりにもルールを設けすぎると、子どもは何に対して叱られているのか混乱してしまいます。先ほども説明しましたが、この時期は「体を動かすこと」「起きること寝ること」「食べること」など、人が生きていくために必要な「命にかかわる部分」を育てていく段階です。

言うことを聞かなくなった子どもたちの話を聞いていると、やはり親のほうで、まったく命にもかかわらないし、別にそこを親が叱らなくていいということまで口出ししています。

簡単な例で言うと、赤信号で横断歩道を渡るという、その子が生きるか死ぬかといった命にかかわるようなことをしたときと、ちゃんと着替えなさいと言ったのにやらないというときとを同じ程度というか、同じ強さで怒ります。

それ以外にも、ご飯がおいしくないから食べないと言う子どもに対して親は叱ります。これは生存というものに危機が与えられるわけですから叱責していいことです。ただ、その食事をだらしなく食べるとか、行儀悪く食べるとか、食べ方が遅いとかいうことでも叱責します。これは生存という、本当に家庭生活として子どもが生き続けることに抵触はしないわけです。でも、これも同じように強く叱るため、**子どもにとってはルールが多すぎて混乱します。**

つまり、ルールには「軸」が存在していません。先ほども言ったように、この時期には「命にかかわる部分は子どもにルールを守ってもらう」という軸を持てば、赤信号で渡ったときは強く叱っていいですし、ご飯を食べなければ生きていけませんから強く叱っていいわけです。

いっぽう、服を着替えないことやだらしない食べ方は、それができなくても命にかかわることではありません。この部分は「知識・情報を入れる」という「おりこうさんの脳」であって、「からだの脳」を育てるならば叱責にはなり得ない部分です。

ですから、そこをきちんと整理整頓していくと、親というのはどこにいる人かというと「家庭にいる人」です。たとえば学校というところは、子どもたちの社会生活の場所であって、親が会社で何をしているかに子どもが口を出さないのと同様、学校生活にかかわるところは口出しをしない、つまり、親は家庭生活を成り立たせるための指導者であればいいのです。

いっぽう、学校では先生という人が学校での社会生活を成り立たせるための指導者ですから、そこを混同している人がすごく多いなという気がします。

家庭生活を成り立たせるための一番大切な根本的な部分は何かというと、「その人が生きていること」にほかなりません。もし死んでしまったら家庭生活が成り立たないので、とりあえず家庭にいる人たちが生きていることが一番大事なのです。

親が持つべき軸は3本でOK　大事なのは矛盾しないこと

では、ブレない軸とはどういった軸でしょうか。私は軸は3本もあればいいと思っています。

私の家庭での軸はとてもシンプルでした。子どもの「からだの脳」を育てるときは、「家族を絶対に死なせない」「夜は8時までに寝ること」「ペットの犬たちは自分より弱いので優先される」というルールだけでした。この3つだけは守れなければ叱りますが、それ以外のことは、基本的に気にしませんでした。そうすると親子共とてもすっきりとするのです。

たとえば、「夜8時までに寝ること」ということを軸にしても、親が「宿題は必ず忘れずにやる」というのを子どもに求めたとしましょう。

そうすると、学校から帰ってきてから子どもが遊んでばかりいて、夜8時になってようやく今から宿題をやり始めると、「夜8時までに寝ること」というルールとバッティングをしてしまいます。そのとき親は8時までに寝ないことと宿題をしないこと、どちらを怒っていいかわからなくなります。結局どちらも怒るということになるのですが、そうなると子どもにとっては親の言うことが矛盾しているので混乱してしまいます。

こうした矛盾は、子どもからすると不安のもとになるので、最終的にはどちらのルールも聞かなくなります。

それであれば、先ほど言ったように、宿題は学校生活のもので家庭の軸にはなり得ないのですから、宿題のことで怒ってもらうのであれば学校の先生にちゃんと叱責していただくということにすればいいわけです。

親が怒らないといけないのは、**「うちの家では8時までに寝ないといけません。宿題をしなければならないと思うなら8時までに終わらせること。それで終わっていないんだったら寝なさい」と、寝るほうを優先します。**これは論理としてすっきりとしています。

宿題をやらなくても寝かせることを徹底

ある小学生の男の子がいつもなかなか寝ないという状態でした。夜遅くまでテレビを見たりゲームをしたりして宿題に手をつけるのが9時過ぎという生活をしていて、結局は宿題も終わらず困っているというお母さんがいました。

私が「まずは9時までに必ず寝るというのを家庭のルールにしてください。それが守られないなら叱ってください。その代わり、宿題のことに関してはいっさい口を出さないでください」と伝えました。

このお母さんには、ブレない軸の話をして理解していただきましたので、とにかく宿題をやらないことに干渉しないで無関心を装ってもらいました。

息子さんは、9時に寝ないとお母さんに叱られるということで、宿題もやらずに寝ることだけを徹底させられました。すると彼は宿題が終わらずに困ったのか朝1時間早く起きるようになって宿題を始めたのです。

それでもお母さんは、宿題を朝早くやる息子を見守りながらも何も口出しをしませんでした。すると最終的には、宿題を夜9時までに終わらせ寝るようになったのです。

それが自然と習慣になった頃、お母さんは子どもに訊いたそうです。すると彼は「最初は宿題もやらないでいたら学校の先生に叱られた。それで朝に宿題を終わらせようと思ったけど、やっぱり寝る前に宿題を終わらせたほうが安心して寝られるから」と言ったそうです。

ブレない軸をつくり、それ以外に干渉しないことで子どもは自分自身で考えて行動するようになります。実は「9時に寝る」というのは「からだの脳」の部分で、宿題をするというのは「おりこうさんの脳」の部分です。

あとで「夜早く寝て、朝早く起きる」という生活習慣が大事なことは説明しますが、「からだの脳」を育てていき、次に「おりこうさんの脳」が育っていくという順番は、この例からも間違いありません。

こういった子どもの脳の発達段階に沿った子育て、そのために親がブレない軸を持つことは、私が多くの子どもたちを支援してきた経験から絶対だと思っています。ですから、親が子どものために軸をしっかり持つということは、親自身が今の社会に対してブレない軸を持つということでもあるのです。

子どもの脳の発達理論に沿ったブレない子育てをしよう

ブレない軸という考え方は、今の親御さんたちにはなかなか頭に入りにくく難しいと言われています。子どもが学校に行きだすと、どうしても学習というものが家庭生活を凌駕《りょうが》するくらい重大問題になってくるからです。

それこそ中学受験や小学受験など、いろいろなことが情報として入ってきますので、「これをしなければ子どもは不幸になる」という一種の脅しを親は社会からかけられています。そこを考えると、「もう寝ることよりも勉強よね。早く塾に行かさなくちゃ」となってしまいます。

結局はそういった社会のしくみに取り込まれて、表面的な情報ばかりを優先してしまう方が多く、これから先の子どもの世界がどうなっていくのかということなどは見えなくなります。

子どもの脳を正しい順番で育てることが大切だというのが、私がここまでお伝えした理論ですが、要は家庭生活というのは、脳の発達から言うと「からだの脳」という一番土台になる脳をつくるくり返しの生活です。そこができて初めて知識・情報が入っていく「おりこうさんの脳」である大脳新皮質が育っていき、最終的に社会で生きていくための「こころの脳」である前頭葉の機能が発達していきます。

この順番どおり育てなければ、結果としてうまく脳が機能する人間には育たないという理論が確固としてあるわけです。そう考えたときに、何をやれるかというと、家は「家庭生活」をやれるところなのです。

たとえば、「からだの脳」をつくるのに絶対に大事な「くり返し同じ時刻に寝る」ということは、学校で表面上指導はできるけれども、目を光らせて監督していくことは家庭にしかできません。つまり、ここが家庭のプライオリティ、絶対どうしても譲れない役目であるということさえわかればブレなくてすむということです。

理論から言えば、そこだけしっかりやれば、勝手に知識・情報が入っていく脳になって、最終的に自分で考えて社会生活をうまくやっていくようになります。学校で出された宿題を自分で計画を立てて次の日までにやり終えて提出するというのは前頭葉の機能で、ちゃんと生活をしている人間の脳にしかその機能はつくられないのです。

でも一番大事なのは、「からだの脳」という土台がしっかりつくられれば、「おりこうさんの脳」や「こころの脳」は自然に育っていくということなのです。

ということで、ここからは3つの脳の発達理論に基づいた子育て、子どもとのかかわり方について段階的に解説していきます。

【からだの脳】子どもが生まれたときは親は話しかけて笑っていればいい

子どもが5歳までというか、小学校入学前までは「からだの脳」の時代なので、ここが一番、親御さんが頑張ってブレないようにしなければならないと考えています。5歳までの子どもは、私が提唱している「脳育て理論」で言えば、「からだの脳」が主体であって、それ以外の脳は別に何もできてなくてもいいという時代です。

言うなれば、まだ原始人なわけで、喜怒哀楽とか本能で動くなど、とりあえず太陽のリズムに従って寝て起きて食べるという、動物よりちょっと進化したレベルの脳であると思ってください。そうなると、「からだの脳」がめちゃくちゃよく育った子というのは限りなく原始人に見えるはずです。

そもそも、人間ではなくても動物すべて生き延びるためには不快な感情をいち早く感知します。動物であればそこから安全なところに身を移動させなければならないので、赤ん坊の情動の発達もどうしたって不快から始まるのです。

おむつがぬれたら泣く、おなかが空いたら泣くというのは、それが嫌だから泣くのであって、すべては不快から始まっています。ニコッと笑顔を見せるのは、実は6カ月くらい経って親の笑顔や話しかけの刺激がたくさん入ってきてからで、それまでは本当の笑顔は出ません。ニコッとしているように見えるのは「社会的微笑」といって、本当に楽しくて笑っているわけではありません。

そういった喜怒哀楽の情動の分化は、先にネガティブな不快のほうから始まるので、「怒」や「哀」が中心になります。おむつがぬれて替えてくれなければ「怒」を泣いて表現するし、おなかが空いて不安になれば「哀」として泣く。そこから5歳くらいまでに「喜」や「楽」が育っていくことになります。

それが5歳くらいになっても暴れたまま「怒」や「哀」を表現するほうがメインになっ

てしまう子になるよりは、喜んだり笑ったり、うれしいという情動が素直に出る子に育てるために、親は子どもが生まれたときからずっと話しかけて笑っていたほうが断然いいのです。

心配なのは、最近では赤ん坊に話しかける親御さんがすごく減ってきているということです。5～6カ月くらいのお子さんを持つ親御さんがよく言うのが、「このくらいの年齢は言ってもわからないし、まだ言葉もしゃべれないから話している内容がわかんないし、話してもムダですよね」と言ってスマホをいじっているんです。本当に「まだ全然話しかけなくてもいいですよね」と。

もう1つは、「うちの子、全然笑わないんですよね。笑う子は本当にかわいいのに」と言って不安になる親御さんです。先ほども言ったように、笑い始めるのは6カ月以降であって、しかも、その時期までに話しかけることもしないで情動の分化が起こるはずがありません。

でも、これには原因があります。育児雑誌です。**書店に行くとさまざまな育児雑誌がありますが、かわいい子ばかり載っています。実は、これが赤ちゃんの姿だとほとんどの人が刷り込まれているのです。**

だから、雑誌のような「理想の姿」ではない赤ん坊や子どもを見たときに、非常に焦り始めます。

私が教えている大学の学生は教員や保育士を目指します。その学生たちに、「子どもがかわいくて好きなので教員に・保育士になりたい、という考えは持たないようにしてください」と、けっこうきつく言っています。

これは、**「子どもがかわいい」という考えを自分の中の認知として持っているということは、裏を返せば「かわいくない子どもは嫌いです」ということになるからです。**

だから、自分の基準でかわいいと思える子どもはかわいい。それを「子どもはかわいい」にしてしまっているのは、すでに偏見や差別だということを言います。学生はきょとんとしています。このことは親御さんにもなかなか理解してもらえません。

子どもはかわいいという思い込みや刷り込みは危険なのです。だから、育児雑誌を見て自分の子は違うと不安になる必要はないのです。だって、生まれたばかりの子はまだ原始人にもなっていないのですから。それよりも、原始人らしく育っていくために「喜」や「楽」という情動を植え付けていくことに専念すればいいのです。

本当に残念だなぁと思うのは、電車に乗っているとベビーカーに乗せている子どもを見もしないでずっとスマホをいじっている親御さんです。それぞれ忙しく事情があるのだと思いますが、子どもの喜怒哀楽、基礎的な情動の発達にはよい効果は期待できません。話しかけること、笑いかけることが脳を育てるということをぜひ覚えておきましょう。

【からだの脳】5歳までに聞き分けのいい子どもに育つほうが異常!?

現代は5歳以下でも大人から見て「賢げ」な子どもは周りにはたくさんいます。でももしあなたがポジティブな生き方に変わって周りに惑わされないようになっているなら、原始人のような子を見てニコニコと、「うん、よく育った子だね」と言えるはずです。

周りの子がいくら〝Xイコール……Yイコール〟まで勉強をしていても気にせず、とにかく5歳までは、いかに信念を持ってブレずに子どもに向き合えるかが一番大事です。

たとえば、子どもが「これ、買って！」と大騒ぎしているときに、わがままを言わない子どもがいい子であると思っている親は子どもを叱りつけます。周りを気にして「みんなにうるさいから静かにしてちょうだい！」とか「絶対に今日は買いません！」と怒鳴ります。これはよく見る風景だと思います。

これは、子どもはいい子にしなければいけない、もう5歳なんだから親の言うとおりにしなければいけない、こんなわがままを許してはいけないといった刷り込みがあるのですが、脳の育ち方をわかっていて、親の心も安定している人であれば、「うん、思いっ切り自分の感情を出していてエラい！」と笑顔で言えるようになります。

実際に言えないまでも、心の中でそう思うことぐらいはできるはずです。

手のかからない子が、幼稚園で問題児に

ある4歳を過ぎたお子さんを持つお母さんが、子どもが幼稚園で問題行動を起こしているということで相談に来られました。

親の前では本当に聞き分けのいい子で、たとえばデパートに行って欲しそうなものを見ても、「もう行くわよ」とお母さんが言えば、何も言わずにその場を離れるといった手のかからない子でした。

そういった感じで、何でもお母さんに叱られる前に察知して行動する子だったのです。でも、幼稚園で周りの子に怒鳴りちらし、意に沿わないことがあると暴れたりしていると幼稚園の先生に言われて、わが子の行動を初めて知ったお母さんは、気が動転して私のところに相談に来たというわけです。

その子は賢く、ませた感じで大人っぽいことを言う子でした。お母さんが幼稚園から呼び出されてその場で子どもの行動を問いただすと「僕が死んでしまったほうがお母さんは幸せなのではないか」「僕なんかいないほうがいいんだ」と言ってさめざめと泣きます。


親の前で素直に喜怒哀楽を出すことができない子は、いつも不安です。この不安はときに攻撃性として表出します。「哀」「怒」が情動の中心になっているのですね。

表面上はいい子であっても、「喜」や「楽」の情動が発達していかなければ、子どもが集団生活において問題行動を起こすようになってしまうといった典型的な例です。

アクシスではこのような子どもが「怒」「哀」を表出したとき、専門家であるスタッフたちは、ただ受けとめます。子どもに「ウゼぇ！」とか「嫌だ！」と言われても「うん、なるほど。嫌なわけだね」と平然と言います。

当然、子どもに対して「かわいい」とか「かわいくない」とかの評価もしません。子どもはそれに対して「何だよ！」と言って殴りかかったりしてきます。まあ小学1年生くらいの子なので大したことはないのですが、スタッフが「そうか、そうか、嫌なわけだな、ここにいるのがな」と動じないと、子どもの激しい情動は治まってしまいます。

虚を突かれるというか、普段は怒られていたのが、「うん、そうか、そうか」と言われると落ち着いてしまうのです。

原始人のように育てれば喜怒哀楽がはっきり出ます。それは当たり前なのですが、往々にして情動を抑圧されている子どもは、「怒」や不安から現れる「哀」といった感情が「喜」や「楽」よりもたくさん出るのです。

そこをしっかりと受け止めて笑顔で返すと、子どもは「あれっ?」という感じで、「楽」や「喜」といった情動が発達・分化してくるのです。

【からだの脳】睡眠こそが子どもの脳を成長させる

原始人のように育てる「からだの脳」において最も大切なものは何かと言えば「睡眠」です。原始人の生活は日が昇ると起きて、夜になると眠りにつきます。つまり、太陽が昇って日が沈むまでが生活のリズムで、基本的にこの生活サイクルを5歳までに習慣にすることが大事です。

多くの親御さんに子どもの睡眠時間を訊くと、たいてい8時間くらい寝ればいいと思っている方が多く、5歳の幼児も小学校、中学生も同じように考えています。しかし、それは違います。

睡眠時間は科学的・医学的な根拠に基づいて決まっているのです。実は5歳児には「11時間の睡眠が必要」とされています。

世界中の小児科医がバイブルとしている『ネルソン小児科学』(Kliegman, Robert M.ほか著、衛藤義勝監修／エルゼビア・ジャパン)によると、小学生(9歳)の理想の睡眠時間でも10時間とされています。

また、米国睡眠医学会は、1～2歳児は11～14時間、3～5歳児は10～13時間、小学

必要な標準睡眠時間

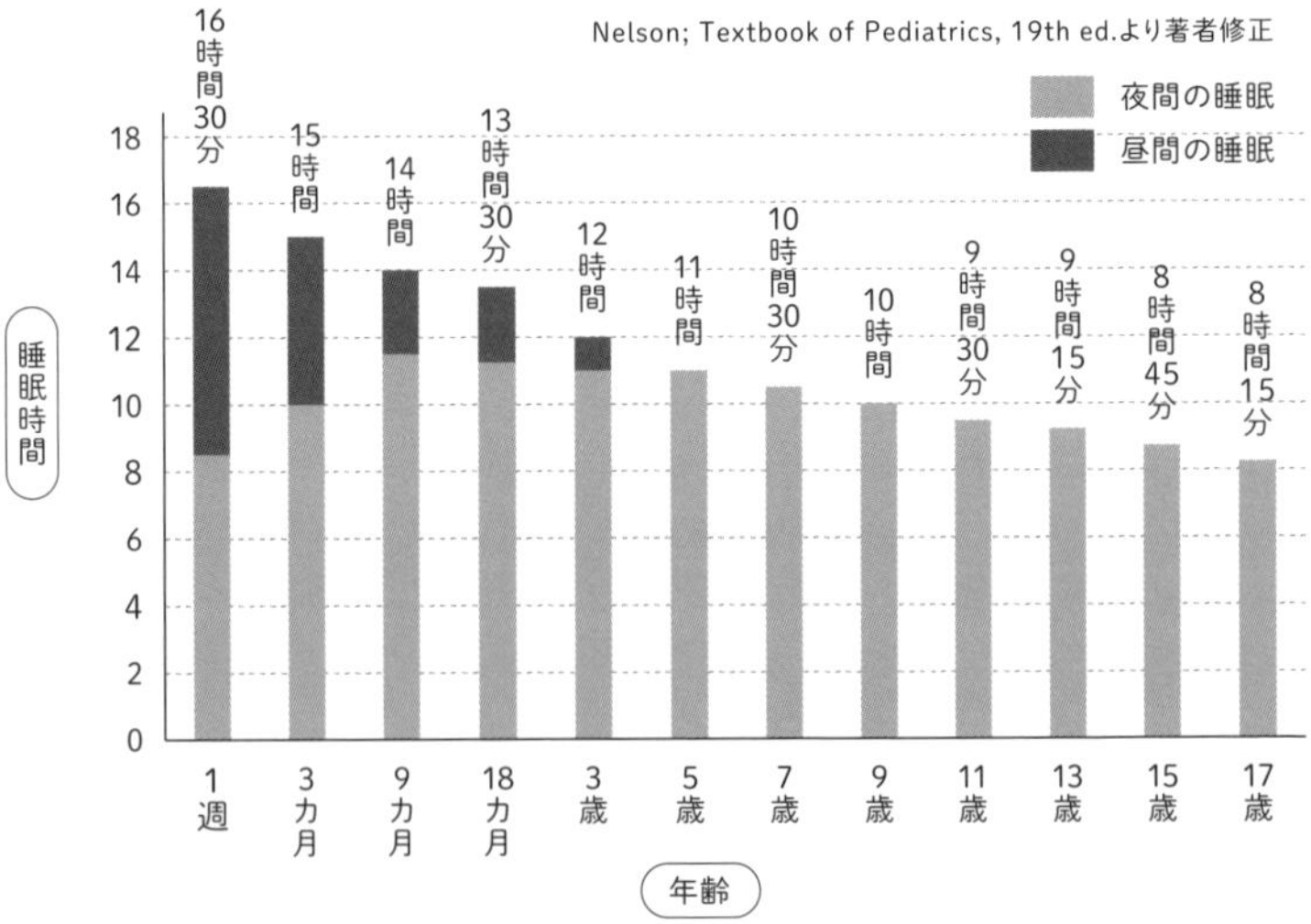

Nelson; Textbook of Pediatrics, 19th ed.より著者修正

生は9～12時間、中学・高校生は8～10時間の睡眠時間を推奨しています。日本の厚生労働省が発表した「健康づくりのための睡眠ガイド2023」においても、米国にのっとって推奨しているのですが、日本の小学生の平均睡眠時間は8時間と言われています。大人においても推奨されている睡眠時間より1～3時間も少ないというのが現実です。

とくに**5歳児以下の睡眠不足では、ご飯が食べられないといった偏食や朝に起きられないで登園前に泣く、暴れるなどのパニックを起こしたりします。**

また、**睡眠時間だけではなく「時間帯」も重要です。**

先ほど原始人は日が昇ったら起きて沈んだら寝ると言ったように、「からだの脳」を育てるには、午後7時前後には活動を終えて8時前には眠りにつき、朝は6時前後には目が覚めるのが「睡眠のゴールデンタイム」です。昼行性の動物である人間の基本的な生活は、この「からだの脳」の時期につくり上げてしまうことです。

【からだの脳】子どもが寝なくなってしまった現代社会

家庭だからこそできるのが生活のリズムをつくることなのですが、今は大人時間を中心に子どもにまで夜遅い生活を強いています。寝不足や睡眠時刻が遅くなるのは仕方がない、当たり前の社会だと思っていることこそが問題です。

江戸時代、子どもは5歳くらいまでは比較的自由に育てられていました。朝早く起きて食事が終わると、子ども同士が夕方まで遊んで疲れて帰り、夕食をすませると行燈《あんどん》のあかりを消して就寝しました。

そうして「からだの脳」ができ上がったあと、6・7歳頃からは手習い所で能力に応じた学びの機会があり、「おりこうさんの脳」が育っていきました。

それは明治期に入り、生活スタイルが一変してもそれほど日本人の生活が変わることはありませんでした。大人の社会で夜が長くなった程度かもしれません。おそらく戦前までは「子どもは早く寝るもの」という日本人の生活習慣が守られていたからだと思います。

しかし、戦後から日本人の生活は本当の意味で一変しました。田舎から都会へ出て働く人が増えて人が一気になだれ込むと、やがて核家族化が進んでいきます。オイルショックの1973年までの高度経済成長に乗り、父親は夜遅くまで外で働き母親は家で育児にいそしむスタイルが確立されていったのです。

それでも1960年代の子どもたちというのは、親が家庭生活としてとくに意識しなくても、ほとんど全員の子どもたちが夜8時には寝るという生活が常識的でした。ですから、夜9時や10時まで起きている子どもは、ほぼいなかったので、私たちの親世代（親の親世代）の人たちというのは家庭生活を確立させるということにそれほど注力してきませんでした。

ところが、日本は高度経済成長により発展し、テレビなどの娯楽用品も登場します。テレビが登場した当初はお金持ちの家にしかなく、多くの人は電気屋さんに置いてある街頭テレビを観ることくらいで、夜は大人たちがそれに熱狂していました。

しかし、その頃になると所得も増え、一家に1台テレビが入るようになると、面白い番組も増えて大人も子どもも一緒にテレビを観るようになります。そうして知らず知らずの間に睡眠時間が減っていきました。

それと同時に始まったのが教育熱です。親たちは子どもの将来を心配、もしくは期待して所得を教育費につぎ込むようになります。エリート教育が過熱しだして、小学生からの塾通いが一気に増えてきます。それによって夜8時までに寝るという当たり前だった常識が、誰も気がつかない間にシフトしていったのです。

さらに近年では、スマホを子どもに持たせるという家庭が増え、子どもたちはテレビをスマホに変えて、しかも時間帯も気にすることなくいつでもゲームをしたり動画を観たりできるようになりました。

ちなみに、私は少なくとも5歳までの子どもにスマホを持たせるのも見せるのも反対です。そもそも原始人を育てるのにスマホはまったく必要ではないからです。子どもが、動画が観たいとぐずると渡してしまう親御さんを見かけますが、私には子育てを放棄しているとしか見えません。原始人にスマホはいらないと心得てほしいと思います。

以上、歴史的な背景から日本人の睡眠時間を考えてみたわけですが、原始時代から脈々と引き継がれた、太陽が沈んだら寝る、太陽が昇ったら起きて体を動かすというリズミカルな生活を捨ててしまったこと、そうした流れを知ることが、ブレない軸をつくる大前提になってきます。

いかに本来あるべき睡眠の常識が失われていったのか、親の世代の常識を踏襲してしまって苦労しているか、そういったことを知ったうえで自分自身の子育ての軸をつくってほしいと思います。

これが常識だと思っているということが、歴史的背景を考えてみると、いつの間にか知らない間に刷り込まれて、これが常識だと思わされているということが危険なのです。

【からだの脳】朝早く起こし続けると、早く寝るようになる

では、「からだの脳」を育てるために、ブレない軸をどうつくって実践していけばいい

いのでしょうか。

それにはまず、「子どもが朝早く起きるようにしていく」ことです。今まで遅く寝る習慣が身についている子どもをいきなり夜8時に寝かせようとしても、抵抗されるだけです。ですから、日が昇ったら起きるという部分を徹底して、**まずは1週間、子どもをできれば朝6時、遅くとも朝7時までに起こすことから始めてみましょう。**

子どもが起きないからとあきらめないことです。大好きなおもちゃやビデオで楽しく誘って起こしてみてください。昼寝は1時間未満にして、夕方に眠くなっても寝かせず、早めに夕食をすませてお風呂に入れれば、たいてい夜8時頃には眠くなってきます。

これを1週間ほど続ければ、2～3歳くらいの子どもは夜8時には寝て日が昇る頃には起きてきます。おそらくおなかも空いているでしょうから、朝ご飯も積極的に食べるようになります。

子どもを保育園に預けている親御さんは、とにかく早めに夕食を食べさせてお風呂に入れることです。真面目な方は夕食の素材にこだわり健康的なものを子どもに食べさせようとしますが、それで夕食の時間が遅くなることよりも時間を優先させることを軸にしてください。

睡眠に関してだけ実践しても、朝早く起きられるようになったということ以外にも、たくさんの変化が生まれています。「きょうだい喧嘩《げんか》が減った」「遊びに集中するようになった」「友達の悪口を言わなくなった」「友達を叩いたりしなくなった」など、子どもの生活面でも大きく変わってきます。

ほかには、できれば「親子で同じ時刻に寝る習慣をつける」といいでしょう。私は子どもが5歳までは大人も夜8時くらいに寝てほしいと思っています。親だけ遅くまで起きているということをできればしないことです。

大人はそれほど長い睡眠時間はいらないので、夜8時に寝れば明け方4時前には起床して大丈夫です。その時間に家事を片づけたり仕事をしたりすることができます。親自身が早寝を一緒にすると、子どもは寝ることを嫌がらなくなります。

幼児期のお子さんを持つ親御さんたちに講演をすると多くの質問が出るのですが、一番多いのは「子どもが寝たがらないのでどうすればいいか」というものです。なかなか寝る部屋に行きたがらないらしいのですが、聞いてみると親御さんは寝かしつけを一生懸命して、子どもが寝ついたら自分の楽しいこと、たとえばテレビを見たりしているそうです。

そうすると子どもは寝たくないものです。「お母さんやお父さんは、僕が寝たあとに遊んでいるんだろう」と気になってしまいます。だから、家族全員で夜8時に寝るのは楽しいという状況を幼児期につくっておくと、小学生になる頃には勝手に眠る脳ができてしまいます。

親がちょっとくらい、うだうだしながら夜8時頃に起きていたとしても、「もう僕、眠いから寝るね」と、さっさと寝てしまいます。「からだの脳」をそういうふうにしてしまえば睡眠習慣は圧倒的につきやすいのです。とくに幼児期にはやっておいて損はない方法です。

【からだの脳】五感を刺激して反射機能を育てる

昨今、小学校に入っても受け身のできない子が増えています。本来は小学生くらいになると腕や足を擦ったり尻もちをついて大事な部分の頭や腹を守れます。ところが最近の子どもはこの受け身ができず、顔面全体のかすり傷になったり頭蓋骨を折って病院に来たりするのです。

受け身は人間に備わっている**「反射」**という本来は「からだの脳」の機能です。しかし親が子どもに過干渉のあまり、転びそうになる前に抱き留めてしまうなど危険回避を親が主導でやってしまうと、反射機能が育たなくなるのです。幼児期に命にかかわらない程度に転ぶ、ずっこける、ずり落ちるといったことをさせるのは大切なことなのです。

こうした生きるために必要な力を身につけるにはどうすればいいか。

それは子どもを自然に放して**「放牧」**することです。そもそも原始人に育てるのであれば自然に放すのが一番です。

自然にはたしかに危険がいっぱいあります。でも、それは刺激を経験するにはうってつけで、子どもにとっては目から入る刺激、鳥の声、川のせせらぎといった音から入る刺激、澄んだ空気の匂い、石や草の感触など「五感」を磨くこともできる場所なのです。

五感から入ってくる刺激は、子どもにかぎらず大人にとっても効果があることは言うまでもありません。こういった多種類の刺激を複数回与える中で、跳ねたり転んだりしながら反射という人間に必要な、いわゆる生きる力を備えていくのです。こうして「からだの脳」も育っていきます。

毎日、家の中でテレビだけ見せているという単調な刺激は原始時代にはありません。それよりも草の匂いをかぐとか、松ぼっくりのごつごつした感じを手で触るとか、緑でもいろいろなトーンの緑を目で見るとかのほうが大事な時期です。

子どもを外で遊ばせるなら〝放牧〟という感じで、危ないと思っても命にかかわらない限りはいっさい手をださないこと。そこはグッと我慢してください。五感を磨き、反射機能を備えなければ自分で自分の命を守れません。とにかく子どもの命を守るというところに軸を置くことです。

そんなに頻繁に自然のある場所に子どもを連れて行けないという人もいるかと思います。その場合は家の中でも放牧は可能です。

たとえば、部屋を片づけてなるべく物を置かないようにして布団を部屋いっぱいに敷き詰めます。片側だけ布団をうずたかく積んでおいて、そこから転がしてみるというだけでも楽しく遊ぶことができます。

公園に比べると部屋はそうとう狭いですが、狭い分、追いかけっこをすればすぐに行き止まりなので、子どもはヒュッと体を止めて向きを変えることをします。これは反射の機能で意外とできたりするものです。

真面目な親御さんは、休みの日は必ず公園に連れて行かなければと思ってしまいますが、それはそれで自分がつらくなってきます。堅苦しく考えず、休みの日にこうして部屋で遊んでも十分です。一緒に遊ぶくらいの感覚で、親も楽しければ最高の子育てです。

【からだの脳↓おりこうさんの脳】
心が不安定な親を見て子どもも不安定になる

子どもが幼稚園に登園する時期というのは3～4歳から6歳までですが、ちょうど「からだの脳」から「おりこうさんの脳」が育っていく期間でもあります。集団生活において喜怒哀楽を表現し、さまざまな知識も吸収していきます。

愛着というものは2歳くらいまでに形成されると言われていて、愛着があるからこそ3歳くらいからの集団活動に入っていけるようになります。愛着というものがうまく形成されない理由が親、とくにお母さんが子どもに対して不安や心配で、過干渉に接してしまう場合です。

たとえば、幼稚園バスに乗りたくないとか、先生に預けるときに泣きじゃくって教室に入れないとか、母と子の分離の不安というものはしばしば起こります。

ただ通常の発達をしていれば集団の中、いわゆる同類、同族、しかも年齢が同じくらいの集団の中に入ることは、人間という動物にとっては「快」に変わります。「不快」よりも「快」であることが多く、集団生活が楽しいと思うようになってくるのが普通です。

そうすると、3カ月から長くとも半年くらいで、幼稚園バスに乗るときも、「じゃあ、ママ行ってきます！」と言って普通に乗れるようになるのが正常な発達です。

ですから、最初はお母さんと子どもが離れる不安は、愛着というものが形成された裏返しであるので自然な成長過程として問題ありません。でも、半年過ぎても子どもの状態が変わらないといった病的な場合は「分離不安障害」という診断名がつきます。

最近多いのは、1年を過ぎても母子分離不安が異常なくらい強くて、毎日毎日お母さんと離れるのが嫌だと大泣きをする子が増えていることです。さらには小学校に入っても母と離れたくなくて学校に行けない、もしくは学校に行っても先生が目を離している間に校門から飛び出して家まで帰ってしまうという子どももいます。

こういうケースでは多くの場合、お母さん自身の大きな不安が存在します。子どもは、不安定な母に対して常に不安を抱き、もしかすると幼稚園や学校に来て離れている間に自分を見捨ててどこかにいなくなるんじゃないかという不安から逃れられなくなってしまうのです。

では、お母さんはどうしたほうがいいのかというと、「私は絶対、あなたを見捨てません」というメッセージを子どもに伝え続けないといけないのです。

そのためには子どもがかわいかろうが、かわいくなかろうが、憎たらしかろうが、大騒ぎしている子であろうが、どんな子でも「私は見捨てません」というフラットな気持ちでいることです。できればいつも笑顔でいられるともっといいです。

お母さんが不安であるかぎり、子どもを見捨てないという絶対的な結びつきをつくるのは非常に難しいと思います。とりわけ「かわいい子だったら私はあなたを愛するけれど、かわいくない子だったら愛しませんよ」というメッセージを伝えてしまうと、子どもは非常に不安定な状態になってしまいます。

とくに一見、素直で聞き分けよく見える子であるほどこの点には注意していただきたいです。

【からだの脳↓おりこうさんの脳】
役割を与えると、子どもは誇らしげになる

正常な母子分離不安は、通常3カ月から6カ月ぐらいで解消されて、子どもは人間という種族の中にいるのが楽しいと思い始めるものです。お母さん、そしてお父さんは絶対に自分のことを見捨てないと思って、幼稚園で楽しく過ごします。家へ帰ったら必ずお母さん、そしてお父さんはいるという確信が子どもの中にあれば、もう楽しく集団というものを享受できるようになっていきます。

保育園も同じです。一時的に親とは離れるけれど、必ず迎えに来ると子どもが確信していれば全然問題ありません。しかし実際には罪悪感を抱いているお母さん、そしてお

父さんが多いのが現状です。

これは保育園に預けている方に多いのですが、預けられている子どもをかわいそうな子という見方をしてしまうのです。親御さん自身がそう思ってしまうと、その子どもはとても不幸です。

よく保育園に送りに行ったときに「ママ、仕事に行かなくちゃいけないから、ごめんね」と言いながら預けたり、迎えに来たときも「待っててもらって、ごめんね」と言ったりしますが、これはかわいそうな子だと認定していることになりますからやめましょう。

保育園に送っていくときは、「じゃあママ、仕事行ってくるね」、迎えにきたときは「今日も偉かったね。お父さん助かったよ」と、いつもニコニコ笑顔で送り迎えをすることで、子どもは保育園という集団生活が楽しいものに変わっていくのです。

そして、**伝えるメッセージは「ありがとう」です。**たとえば迎えに行ったときに、「ありがとう。あなたがちゃんと保育園でいい子にしててくれたから、今日いっぱいお仕事できたの。サンキュー」と伝えてあげます。

そして、「めっちゃ役に立つね」と言うと、**子どもには「自分は家族として、ちゃん**

と保育園でお母さんやお父さんが帰ってくるまで待つことができる」という誇らしげな感情が育っていきます。これは「役割」という重要なポイントで、子どもは親から信頼されていると思うようになるのです。

子育ては、生まれたばかりの子どもには１００パーセント心配であるのは当然ですが、そうした心配を18歳頃までに95パーセント、つまり、１００パーセント近く信頼へ変える旅でもあります。

私も娘が生まれたときは心配の塊でした。触ったら壊れそうなくらい小さな存在。呼吸をしているのだろうかと聴診器を当てようかと思ったくらい不安になりました。もう１００パーセントの心配です。

でも、そんな娘も3歳くらいになると、しゃべるし歩くし、食べて排泄《はいせつ》もします。彼女が笑顔を見せてくれるたびに心配は安心に変わっていきます。そのうち、自分ひとりで着替えられるようになる、歯磨きもできるようになるという行動を見て、「この子はこれができるんだ、もう任せられるんだ」という信頼が増えていきました。

この時期、心配は85パーセント程度に減って、信頼が15パーセントほど生まれます。

それは「信頼が増えるってことは、私の不安が減ることなんだ」という確信に近いものでもありました。

「からだの脳」から「おりこうさんの脳」へ変わっていくということは、親の心配や不安が信頼へと変わっていくことです。つまり、子どもの保育園での生活は親の信頼の証でもあります。

ですから、かわいそうではなく「あなたが保育園に行ってくれるから、家族はお金が稼げてあなたのご飯も買える。ありがとう」という、信頼によるメッセージ（役割）を伝えていくことです。

ありがとうと言われると、子どもも少し一人前になった気分で、自慢げというか誇らしげな顔をしますよ。

【からだの脳↓おりこうさんの脳】

子どもの世界は子どもに任せていっさいかかわらない

子どもが集団生活に入る頃になると、親御さんは保育園や幼稚園でのかかわりが生まれてきます。たくさんのイベントがあり、ほかの子の生活の様子も見るようになり、多くの親御さんはママ友パパ友もできてきます。

そうなると、保育園や幼稚園でのわが子の生活ぶりも気になってきます。最初は「お友達ができてよかった」「楽しそうでよかった」という気持ちですが、そのうちにだんだんと情報が入ってくると、「○○ちゃんは、お絵描きが上手で先生に褒められた」「○○君は運動ができてみんなの人気者」「○○ちゃんはピアノコンクールで金賞を取った」など、さまざまな話を耳にするようになります。

すると、親は不安になって習い事をさせるようになります。拙著『高学歴親という病』（講談社＋α新書）でも書いているように、とくに高学歴の親は早期教育を始め、私立小学校へ入学するための準備として専門の塾へ通わせる傾向があります。

でも、この時期は「からだの脳」から「おりこうさんの脳」へ変わっていく段階で、同じような子たちと比べて、この子は偉い、この子は偉くないと考えるのはナンセンスです。

たとえば、**保育園や幼稚園の中で自発的にリーダーシップをとっていく子を見て、「うちの子はおとなしくて、集団生活でやっていけるのだろうか」と不安に思う方がい**

ますが、まったく意味がありません。

私は別にリーダーシップをとることがいいことでもないと思っています。そもそもリーダーシップをとっている子が、数十年後、世の中をけん引するような人になっているかと言ったら、まったくそんなことはありませんから。

ですから、常に注目してほしいのは、家庭の中で子どもがちゃんと役割を担いつつ一緒に生活していける人間になっているかどうかであって、快適な家族生活や家族関係を構築できる人間かどうかを判断して、快適に過ごせるような子どもにしていくほうが大事です。

何度も言うように、幼児期は原始人なので、喜怒哀楽が激しく出るくらいでちょうどいいのです。スーパーのお菓子コーナーで、お菓子が欲しいけれど、お母さんに対して忖度《そんたく》して、今はわがままを言っちゃいけないと思って我慢する4歳児のほうがむしろ怖いくらいです。

先日も外来に来た反抗的で暴れてしまう中学生の子どもを持つお母さんは、「4、5歳のときにまったく何の問題もなく幼稚園でもいい子で、親の心を読んで振る舞える子だったけれど、すっかり人間が変わってしまいました」と相談に来ました。幼児期に原始人をしっかり作っておかないと、ときにこのような結末になります。

保育園や幼稚園での生活はあくまで子どもの世界です。そこでの生活は先生に任せればいいのであって、ほかの子の生活はあくまでほかの子なのです。それよりも親がやらなければならないのは、まずは原始人育てをしっかりした上で、子どもを信頼し子どもに任せられることを家庭生活の中で養っていく。これがブレない子育てです。

ちなみに、親が保育園や幼稚園でやれることは1つ。「いつもお世話になっております。ありがとうございます」と言うことだけだと、私は思っています。

【おりこうさんの脳】
親は子どもに情報をインプットしてあげるだけでいい

「おりこうさんの脳」の時代は、**「学校の勉強以外の知識欲がある子」に育てることが大事です。**この脳は、人間ならではの大脳新皮質が発達する段階で言語機能や思考、スポーツなどの技術的な機能（微細運動）などをつかさどっていることは前にも説明しました。

この時期は、知識や運動能力をどんどん脳にインプットし、それらを自分のものとしてアウトプットしていきます。自分のものとしてという点が大事で、最初は親や集団生活で見たものをマネていきますが、思考する能力も備わってくるので独自の創造性やアイデアも生まれてきます。

ですから、親のブレない役目としては第3章で述べたように、親自身が知識と教養を身につけインプットを意図的（戦略的）にしていくことが大切です。同時に、いわゆる「しつけ」も、できなければ叱るのではなく、子どもにインプットだけをしてあとは自然にアウトプットできるよう意図的にやるのがいいのです。

昔は朝起きて夜には寝るという規則正しい生活をしていましたから、子どもは「からだの脳」がしっかりでき上がっていました。その上で家庭で生活をしていれば、子どもは親の行動をくり返し見て自然に「おりこうさんの脳」に正しい知識をインプットし、あるときからそれを自分の行動としてアウトプットできるようになりました。しかし今は子どもは塾やけいこごとで忙しく家庭にあまりいないので、いわゆる「しつけ」も身につきにくくなりました。

では、学業についてはどうでしょうか。

これについても子どもが自分自身で考えるように仕向けていけば、知識欲があって自分で考える子に育っていくはずです。たとえば、子どもに無理やりドリルを勉強させることではなく、知識欲をつけて自分で考えるようになれば、おのずとドリル学習にも取り組むようになります。しっかり生活をしてさえいれば、本当は家庭で十分育てることができるはずなのですが、どうしても「外注」(塾など)に頼ることが多くなって難しくなっていますよね。

軸はシンプルに3本にするとお伝えしました。軸には学業は入らないので親はノータッチでOKです。でも、家庭でたくさん会話をして「学校の勉強以外で知識・情報」がたくさんある子であるなら「うちの子はよく育っている」と思って大丈夫です。

第3章で親が楽しいことをやるといいと言いましたが、それに子どもを巻き込んでも効果的です。私の場合、娘が小さいときから自分の好きな演劇に一緒に連れて行きました。するといつの間にか娘はミュージカルが大好きになり『レ・ミゼラブル』にハマって、博士級の知識を持つようになりました。

親が好きなこと、楽しいことは、子どもはその姿を見てうれしいのですから興味を持って自発的に知識を得ようとします。そうなれば脳育ては成功です。

【おりこうさんの脳】

過干渉の親に子どもは何も言わなくなる

「おりこうさんの脳」を育てるには、**子どもに情報をインプットすれば、逆に子どもがどんどん親に自分の情報を出してくるようになります。**つまり、双方向のコミュニケーションが取れている状態です。

そうなるように家庭の状況、まずは土壌をつくることが大事です。それには何度も言うように親に子育ての軸が何本もあって、いろいろな軸に対してガンガン叱責するような家庭生活をしていると、子どもは全部隠すようになります。

そうなると、子どもがどの程度まで情報をインプットできているかわからないどころか、何も言わないので、どこまで危険な精神状態に足を踏み入れているかも見えなくなります。

ですから、軸は「寝て起きる」「生きる」といったシンプルなものにして、勉強やマナーということに関しては、「これが正しいんだよ」と情報として伝えるだけにしておけば、子どもが危険な沼に足を踏み入れかけている状況もすぐにわかります。

アクシスでも、わりと大きいお子さんがいる親御さんは、子どもが何のアルバイトをしているか、どういう人と付き合っているかいっさいわからないと言います。

一見すれば仲のよい親子に見えますが、踏み込んだ話はいっさいしないという関係性で、子どもが何を考えているかわからないと悩んでいる方はけっこういます。もう大きくなると子どものほうが賢いので、親との関係には一線を引いてしまいます。

すると、子どもに何か問題が噴出しないかぎりは、親子関係は表面的なものになって、子どもが20代、30代の大人になってから問題が出てくることもあります。

それではもう遅いのです。いっぽうで、たとえば小学校のときの不登校をきっかけに親子関係を立て直したケースでは、その後子どもが順調に社会に出ていくことが多いです。

この「おりこうさんの脳」の育て方を間違えると、子どもの将来が危なくなる可能性が高いということを知っておいていただき、親が予防策を立ててもらえればと思います。

【おりこうさんの脳】

子どもにアウトプットさせるオウム返しの言葉がけ

情報を子どもにインプットする伝え方はいろいろあると思いますが、一番いいのは、単に「こういうことだよ」と教えてあげることです。親の考えや正論は入れなくて結構です。

インプットする段階というのは知識を入れて大脳新皮質が発達する時期で、そもそもアウトプットできるようになるのは前頭葉が育ってからです。数年後にはアウトプットできるかもしれないくらいの気持ちでいればいいと思います。

たとえば、「オレ、今日は学校行きたくねぇな」と言ったときに、親は「学校は行かないといけないところです、なぜなら学校は勉強するところです」という正論をひたすら入れてしまいがちです。

そうすると、子どもは何も口答えができなくなって黙り込んでしまい、アウトプットはできなくなります。こういうときは学校に行きたくないという、その部分を**軽く「オウム返し」のようにするだけでいいのです。**だいたい小学校高学年ぐらいになると、

「今日は学校行きたくねぇな。でも行かないといけないんだろうな」といった心の声があって、行かなければいけないことはわかっているけれど、行きたくないという気持ちを口に出しているだけだからです。

そこに正論をかぶせてしまうと、「もう何を言っても親は聞いてくれない」となります。なので「そう、行きたくないんだ」くらいに軽く返されると、「いや、だって昨日、仲のいい○○君と喧嘩しちゃって気まずいんだよな……」とか、「いや、昨日、担任にいろいろ怒られてさ……」とか、子どもが学校に行きたくない理由を出しやすくなるのです。

くだらなかったり、間違っていたりしても、まずはオウム返しをしてその発言を「認める」、そして子どもにその理由やその先を口に出してアウトプットさせるということが脳の神経回路をつくるうえではとても大事なのです。

そういった土壌をつくるためには、子どもが何かを言ってきたときに、そこに正論をかぶせないことが大事です。

子どもが間違ったお箸の持ち方をしていても「直そう」と躍起《やっき》にならず、「正しい持ち方はこう」と伝えるだけでOKです。親からすると、つい先回りして教え込もうとするのでしょうが、それこそが過干渉であって子どもの脳育ちを遮っているだけです。

【おりこうさんの脳】子どもに話すときには具体的に伝えることで論理的な思考力が育つ

第3章で、抽象語のテストの話をしましたが、日本語は難しい言語だと思います。外国人が日本語を学ぶ際に一番苦労するのは、抽象的な単語が多いことだとも言います。

たとえば、「雨」という現象に対して、日本語は「霧雨」「小雨」「大雨」「暴雨」「豪雨」といった雨量の表現から「驟雨《しゅうう》（突然降り出しすぐやむ雨）」「土砂降り（ザアザアと激しく降る雨）」「通り雨（降ってすぐやむ雨）」「長雨（何日も降り続く雨）」など、実に50種類以上の表現があります。

幼児期の子どもが、「ネコ」という言葉を獲得していく前は「ニャーがいるね」といった表現くらいしかできません。親は「ニャーとなく〝ネコ〟がいるね」とくり返し教えるうちに、子どもは「ニャー＝ネコ」と覚えていきます。そこから「黒いネコ」「白いネコ」「しましまのネコ」というように色や形といった概念を獲得したり、「キティちゃん」や「ドラえもん」もネコと認識するようになります。

こうして言語を獲得していくわけですが、このステップは親がやらないと備わっていかないのと同じように、抽象語も普段の家庭生活の中から覚えていくのが理想です。やはり根っこの部分で家庭の中で言葉が正しく使われていないと、子どもにはなかなか入りづらくなります。親自身もそういったボキャブラリーを体に入れるためには、やはり本を読んでおいたほうが子育てに断然いいのです。

抽象語は親がつくる。それが大人の役目だと思います。

あとはロジックも必要です。日本語は語順などが崩れやすいのですが、それでも当然ロジックというものがあって、やはりきちんとした**「フルセンテンスで話をする」という癖**をつけておかなければいけません。

とくに家庭の中では、「あれ取って」ではなく、「机の上にある上から2冊目の本を取って」と、指示語なども入れて伝えることです。

私が大学で学生たちと話をすると「それで……それで……」とか「やっぱり……やっぱり……」とぶつ切れで話をする子が多くいます。最終的には何が言いたいのか伝わらないのか、本人もイライラして話すのをあきらめてしまいます。友達同士での会話なら成り立ちますが、社会に出ると通用しない場合もあります。

これも家庭生活での会話においての不十分なコミュニケーションのあり方が影響していると思います。こうした会話も親が普段から意識して意図的に行うだけで、大人になってからも困らないように育っていきます。

【おりこうさんの脳】

経済的な観念は「お小遣い制」で養う

6歳から14歳くらいのコアな時期の「おりこうさんの脳」では、コミュニケーションと子どもへの信頼関係が次の「こころの脳」につながっていきます。ただ6歳から14歳にはかなり幅があって、インプットの仕方も少しずつ高度にはなっていきます。

とくに、お金の話は少なくとも小学生になったらするほうがいいです。**絶対してほしいのが「お小遣い制」です。**最初はもらったお金をすぐに使ってしまって「もうお小遣いがない」ということになりますが、そこから少しずつ学習して、最初はちょっとだけ使って月末まで置いて残ったらこれを買おうというように計画的に使うようになってきます。

前頭葉の高次脳機能の中に「計画性」という大事な機能があるので、それが育っていきます。ですから、計画性を小学4年生以降で構築するための布石として、小学1年生あたりからお小遣い制にしておくのです。

最初のうちは、学習にしても自発的にできなくて当たり前で、いつか自分からできるようになればいいという気持ちが大事です。

また、たとえば、「みんなが持っているカードゲーム、僕も欲しいんだよね」と言われて、それがセットで4000円くらいするものだとします。そのときに、「そんなカードゲームごときに4000円も出せません」とピシャッとつぶしてしまうのではなくて、「今はカードゲームが4000円もするのか。お母さんの1回の洋服代だね」などと言いながら、「それって、どんな大きなカードなの？」と、とぼけてみればいいのです。

本当は心の中では「4000円のカードってめっちゃ高くない？」と思ってはいるのですが、「ムダじゃない？　ただの紙切れでしょ？」と思っても正論を言わないことです。

アクシスに相談に来る親御さんは比較的裕福な家庭が多く、とくにお小遣い制ではなく、子どもが欲しいものを買い与えている方が多いのですが、結局は「みんなが持っているから」という理由でお金を出してしまうようです。

でも、お小遣い制にすればそれを買うのが正しいのかどうか自分で判断するようになります。私の娘が小学3年生のとき一緒にディズニーランドへ行ったのですが、グッズショップでミッキーマウスの耳の付いたカチューシャが欲しいと言い出しました。

私は「お金を貸すことはできるけど」と伝えました。もちろんお小遣い制でしたので、「本当に必要か」「貸したお金はどう返していくのか」などについて店の外で娘に訊きました。

結局、娘は買わないことに決めました。カチューシャは2400円。もらっているお小遣いは月400円。その中から月々200円を返すとしても1年かかり、しかもお小遣いが月200円になってしまいます。そうしたら好きなマンガも買えないし、耳の付いたカチューシャは学校にしていけないし……と、買わないことを我慢するというより、買わないことに納得したのです。

子どもの「欲しい」は当たり前です。ですから、そこは共感してあげるべきですが、「おりこうさんの脳」では自律する脳を育てるほうが大事です。

ちなみに、「お風呂掃除をしたら1回100円」といった、お手伝いをするとお駄賃をあげるというやり方はダメです。子どもに役割を与えることは必要ですが、**労働の対価としてお金を支払うのは、それこそ軸がブレてしまいます。**

家族とは、それぞれ役割を担いながら助け合って生きていくという根本が崩れてしまうからです。ですから、私は親御さんたちにお小遣い制にするよう伝えています。昔の様子を描いた『サザエさん』のカツオや『ちびまる子ちゃん』のももこも、いつもお小遣いがなくなって頭を抱えているじゃないですか。それでいいのです。

【こころの脳】子どものアウトプットはすべて言わせて途中で遮ってはダメ

「こころの脳」は「相手の心を読める子」に育てることが主眼です。この脳が本当に発達するのは10歳以降で、大脳新皮質の働きにより備わった言語能力が前頭葉という高次元の脳と結びついて論理的思考が生まれてきます。

自分の感情をコントロールしてどうすればいいか考えるようになるほか、他人とのよりよいかかわり方も学ぶようになります。また、世の中の善悪を自分なりに判断したり、自分なりの考えや主張をしたりするようになります。

つまり、入ってきた情報を整理する「情報処理力」と、それを「オリジナルに作成する能力」で、それまでは親がインプットするという形だったものが、インプットされた情報知識を自分なりに統合して自分のオリジナルの考え方をつくっていく作業だと思ってもらえればいいと思います。

そうなると、最初はオリジナルでありさえすればよく、社会的に正しいか間違っているかということに関してはどちらでもいいわけです。ところが、親は社会的にとか世間的にとか、間違ったことを子どもが口に出すと正論を言って発言を止めてしまいます。

せっかくできた自分の中での思考回路や論理なのに、親が正しい答えを出してしまうとアウトプットをしない子になります。ですから、親も手練手管が必要です。

「子どもが危険思想を持っています！」と駆け込んできた

ある引きこもりの中学生の女の子がいたのですが、いろいろなことを考える子でした。いつも引きこもってスマホばかり見ていると自分でも言っているのですが、そこから入ってくる情報についてあれこれ考えているようでした。

以前、あるユーチューバーが生活保護受給者を差別するような発言をして炎上したことがありました。詳細は割愛しますが、ホームレスはいないほうがいいといった内容です。それに対して、ホームレスの人は擁護されるべきであるという意見が大半をしめました。

彼女は「でも、私は……」と言って、「ホームレスはなくさないといけない」と続けたのです。その瞬間、彼女のお母さんは、「ホームレスはいないほうがいい」という危険思想を話したのだと思って、頭ごなしに否定して娘をただそうとし始めたのです。

しかし、彼女の考えは違いました。「ホームレスという状態にある人を、その状態のままかくまって、見守るだけでいいのか。ホームレスという状態そのものがいけないと思う」ということを言いたかったのです。

その子は、政治的、社会的にホームレスがいない状態をつくらなければいけないのに、それをそっとしておいて擁護しましょうという大半の意見に「間違っているんじゃないか？」と理不尽さを感じたのであって、そういった理由から〝ホームレスはいなくなるように〟という言葉を発したのです。

でもお母さんは、その「ホームレスをなくさないといけない」という部分だけを聞いて正論を述べ始めたのです。娘は、そもそもホームレスができる社会というものが間違っているのではないかと言っているのに、お母さんは、この子はホームレスを襲う若者と一緒じゃないかと勝手な解釈をしたのです。

この例は、中学生という「こころの脳」がしっかりしてくる時期ではありますが、それでもまだ言葉足らずではあるし、話もうまくはありません。まだ論理的に話ができるまでの過程にいます。この話はお母さんから聞いたわけですが、そのときは「うちの子は危険な思想を持っているんです」と本気で思っていて、子どもにすごい剣幕で言ってしまいましたと話してくれました。

「こころの脳」は子どものオリジナルの考え方を伸ばす脳育てです。これも家庭の中だからこそできるものです。学校という場もありますが、それほど自由な発言を許せるところではないので、言葉によっては先生がストップをかけても仕方ないと思います。
でも、家庭なら子どもが言いたいことは全部出させて、そこからさらに思考を深めていく作業が丁寧にできる場です。これが「こころの脳」を育てるには一番大事だと思っています。**子どものアウトプットは遮らないことです。**

【こころの脳】

とにかく子どもの話を聴く「傾聴」という技術

いわゆるカウンセリング技術に「傾聴」や「共感」というものがあります。大人になっても仲がいい親子は、親がわりと話を聴いてくれて、子どもは何でも話せるという環境ができています。

この「聴く」というのはとても大切です。**傾聴で最も大事なのは「相手を受容すること」です。**相手の存在を認めることで「安心感」が生まれるので、親子であればお互いの「信頼感」が築かれていきます。

人は自分の話を最後までしっかり聴いてほしいと思っています。アドバイスしてほしいわけではなく、ましてや正論を聞きたいのではありません。ただ自分の話を聴いてほしいのです。そして、自分が考えて話していることを通して、自分が何を考えているかということにあらためて気づくことができます。

つまり、自分の考えていることを知るには誰かが話を聴いてくれるしかなく、それは親しかいないということです。

もちろん、友達と会話して、そこで自分の考えを聞いてもらって、お互いに議論するということがあればそれに越したことはありません。まあ、おそらく友達と議論をすることは、そうそうないのでしょうが。

ということで、「こころの脳」を育てるために親は「傾聴力」を身につけてほしいと思います。そこで基本的な3つの聴き方を紹介します。

1. 相手の話を集中して聴く

2. 相手の話をうながして聴く

3. 相手の話を理解して聴く

1. 相手の話を集中して聴く

「あなたの話を聴いています」という姿勢を子どもに感じてもらうことです。話を聴くときは目を合わせ、子どもが話を終えるまで口を挟まず聴くことに集中します。

よく話が終わったと勘違いして親が話し始めてしまうことがありますが、先ほども言ったように、子どもは話し上手ではありませんし、論理思考が育つ過程です。言いたいことが頭に浮かんでも話を遮らず、とにかく集中して聴いてあげましょう。

2. 相手の話をうながして聴く

最後まで聴いてあげる中で、子どもが話したいことを自由に何でも話せるように、こちらからうながすことも大切です。ただ話を黙って聴くことだけではなく、できれば子どもの話に興味を示し、もっと話を聴かせてほしいという感じで姿勢を前のめりにしたり、うなずきや相づちなどで子どもが話したくなるようにしてあげましょう。

3. 相手の話を理解して聴く

最後に大切なのは、子どもが考えていることや感じていることを理解しながら聴くことです。そして、子どもが何を受け止めてほしいのかを理解することで、子どもは共感されていると感じます。

その話が正しいのか間違っているのかは関係ありません。あくまで子どもの立場に立って理解を示すだけでかまいません。そこに自分の価値観や基準を入れてしまうと、ただの評価になってしまうので注意しましょう。

傾聴は訓練が必要ですが、まずは子どもの話を何も言わず聴くことから始めてみてください。

これまで、「からだの脳」「おりこうさんの脳」「こころの脳」の脳育てについて、いろいろな角度からお話ししてきたわけですが、こうした子育てをスムーズに行うために親のスキルを磨く方法があります。

親自身が不安から解放され、楽しく子育てができる方法で、もし現在、子どもが問題を起こしてしまっているといった場合でも「育て直し」ができます。第5章では、私たちアクシスの会員さんが学び、実践しているメソッドを解説していきます。

第5章

子どもの脳を育て直す「ペアレンティング・トレーニング」

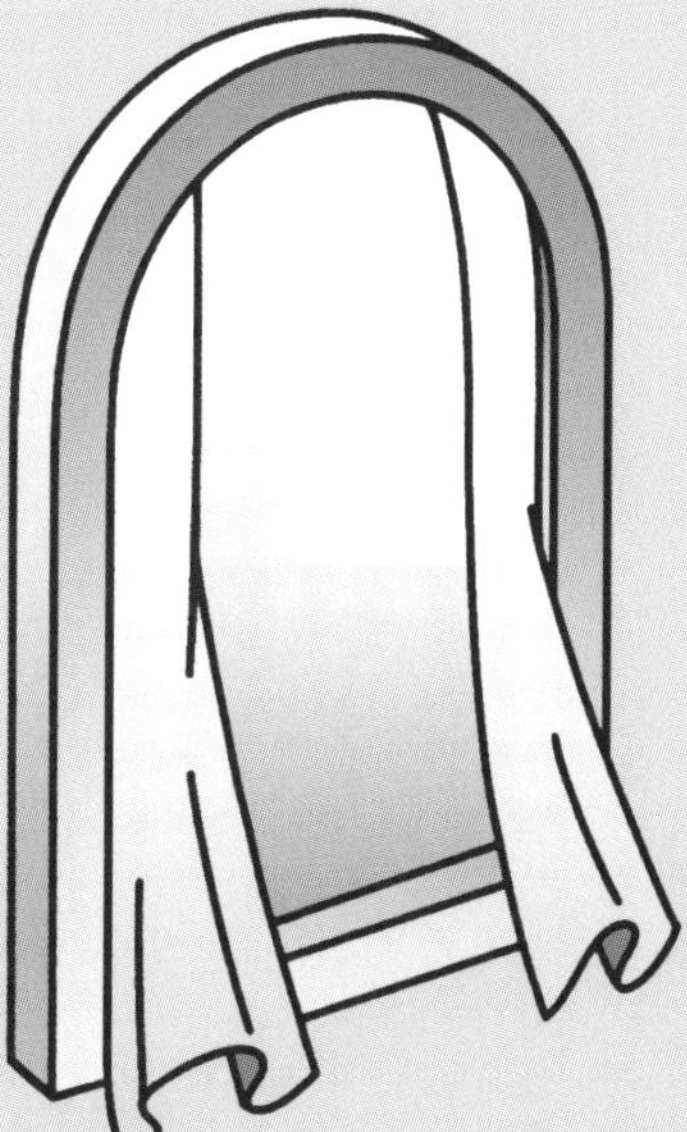

家庭生活を変えることで、子どもの脳はグングン発達する

子どもは「3つの脳」の順番で育ち、「子育て＝脳育て」ということを、これまでに解説してきましたが、脳を育てるということは子どもを育てる環境、つまり家庭生活における環境が大きく影響します。これは家庭での生活環境が変われば育ちが変わり、たとえ問題がある子でも**いつからでも脳を「育て直す」ことができるということです。**

アクシスには、引きこもりの子や暴力的な子など、親御さん自身もどうしていいかわからなくなって連れて来られる子どもがたくさんいます。そうした家庭でも、親御さんが私の話を聞いてくれて、家庭生活の改善に努力してもらった結果、子どもたちがまるで別人かのような素晴らしい子ども（大人も）に成長していきました。

こうした方々と子どもたちに被験者として協力してもらったおかげで、**脳科学・心理学・生理学の観点から「環境が子どもの脳を育てる」ということを実証してきました。**

最近では、こうした実験データが論文として「よくも悪くも子どもの育ちは環境しだい」と発表されるようになりました。

現在アクシスでも、これまでの経験やデータをもとにした実践メソッド**「ペアレンティング・トレーニング」**を会員の方々が学び、実践しています。家庭環境を変えると言っても難しいことはありません。子育ての不安を減らし、楽しく脳育てができるものばかりです。

この「ペアレンティング・トレーニング」の具体的な実践方法は、アクシススタッフの1人で公認心理師である上岡勇二と一緒に書かせていただいた『改訂新装版　子どもの脳を発達させるペアレンティング・トレーニング』（合同出版）で詳しく解説していますので、ここでは実践するにあたっての要点をまとめ、ご自身なりの子どもとの接し方、親子関係のあり方をイメージしてもらえればと思います。

これまで説明した「からだの脳」「おりこうさんの脳」「こころの脳」の発達段階によってトレーニング法はさまざまありますが、大事なのは子どもを変えるだけではなく親自身も変わるということです。

ペアレンティング（＝Parenting）とは、直訳すれば「養育・親の子育てのやり方」ですが、私は**「親など周囲の大人が子どもに与える、脳を育てる生活習慣」**という意味でこの言葉を使っています。

「ペアレンティング・トレーニング」の鍵を握るのは親自身です。子どもとかかわっていくということは、これまでのやり方（過干渉など）を自分が変えるということにほかなりません。

この脳を育てるペアレンティングには、6つのポイントがあります。

【子どもの脳を育てるよいペアレンティング】

1. ブレない生活習慣を確立する
2. 調和が取れたスムーズなコミュニケーションを図る
3. 親子がお互いを尊重して協力し合う体制をつくる
4. 怒りやストレスへの適切な対処法を共有する
5. 親子が楽しめるポジティブな家庭の雰囲気をつくる
6. 親はブレない軸を持つ

ブレない生活習慣は何といっても早寝早起きから

第1項目の「ブレない生活習慣を確立する」は、**脳の育ちを学んだことによって生活リズムの大切さがわかることです。**とくに「からだの脳」が大事だということで、生活リズムを変えることが何より重要だということは言うまでもありません。

「からだの脳」は0〜5歳までに育てることは第4章で説明しましたが、朝早く起きて夜は早く寝るという生活習慣は、脳の育て直しにとっても十分効果を発揮します。4章の「必要な標準睡眠時間」の図で5歳から9歳の間でも睡眠時間は10時間から11時間、11歳以上でも9時間半以上の睡眠が必要と言いました。

ですから、子どもの年齢に合わせて、睡眠時間を家庭生活の中で必ず取れる環境をつくるよう徹底してください。そして大事なのは、朝は太陽の日が昇る頃に目覚めることです。

人間は朝の光を浴びると、幸せホルモンと呼ばれるセロトニンが多く分泌されます。セロトニンは幸福感が増すだけではなく、緊張などのストレスを感じにくくさせたり、日中にセロトニンが分泌されることで睡眠を向上させるメラトニンの分泌をうながして快眠にもつながっていきます。

つまり、セロトニンが多量に分泌されれば、夜早く寝ることもスムーズになるわけです。

また、夜早く寝ると朝には消化管がカラになっておなかが空きます。一番食欲を起こすのは朝です。朝に子どもが〝飢えている〟状態をつくるのが最高です。

もちろん食事からもセロトニンを摂取することができます。セロトニンは、タンパク質に含まれる必須アミノ酸であるトリプトファンから合成されます。

トリプトファンは「大豆製品」「乳製品」などに多く含まれていて、肉や魚もタンパク源として摂取することができます。これは考えてみると、日本人の典型的な朝食です。

大豆製品の味噌汁や納豆、海苔や卵にもタンパク質が豊富です。主食の肉（ソーセージなど）や魚（焼き魚など）などはホテルの朝食ビュッフェや旅館の朝食にも必ずありますよね。こうした食事を朝から子どもがモリモリ食べれば、元気に幼稚園や小学校に行くはずです。

子どもが幼稚園や小学校から帰って寝るまでの間は就寝に向けてリラックスさせることに注力します。前にも述べたとおり、小学生ならこの時間で宿題や勉強を終わらせ、寝る1時間前には寝る状態に整えておくこと。もし宿題や勉強が時間内に終わらなければ翌朝に回して、とにかく寝ることを優先させること。これは親のブレない軸になります。

また、テレビやスマホといったメディアに触れるのは就寝1時間前に終わらせること。これは目に強い光（ブルーライト）を入れると、眠りをうながすメラトニンという物質が減り、体内時計が狂ってしまい眠くならないという現象を生み出すからです。

ですからここは親がブレない軸を持って、「寝る1時間前にはテレビやスマホはおしまい」といった毅然としたルールをつくってほしいと思います。ましてや5歳までの子どもにはスマホは厳禁。そもそも原始人にスマホは必要ありませんから。

以上のように、第1項目で大事なのは睡眠時間から生活のリズムをつくることです。

私はこの部分がしっかり守られるようになれば、子育ての半分以上は成功だと思っています。

コミュニケーションはインプット／アウトプットを行う

ペアレンティングの第2項目の「調和が取れたスムーズなコミュニケーションを図る」とは、**「おりこうさんの脳」をつくる子どもへインプットとアウトプットを行っていくことです。**

家庭生活で親がどんな言葉で伝えるか、どんなことをインプットしていくかは、その後の子どもの言語能力に大きく影響していきます。ペアレンティングの実践で大切なのは調和で、**「一方的ではなく、お互いに誤解が少ないコミュニケーション」を軸に据えます。**

親のあいまいな表現は、伝えたつもりであっても子どもは「何のことだかさっぱりわからない」場合が多く、「あれ取って」という表現は脳の情報処理の観点からも時間がかかります。第4章でも言ったように「机の上にある上から2冊目の本を取って」と指示語なども入れながら論理的に伝えていくことで、子どもの「おりこうさんの脳」は発達していきます。

さらに欲を言えば、やはり親御さんも本を読んでボキャブラリーを豊富にし、イメージ力をつけておくことです。そうすれば、子どもへの伝え方に幅が広がり、子どものボキャブラリーも増えてものを論理的に表現する能力や想像力が広がっていきます。親は伝わりやすい表現や手段を工夫し、子どもの「おりこうさんの脳」の知識を増やす努力をしたほうがいいということです。

あとはインプット／アウトプットの方法についても第4章で述べましたが、「おりこうさんの脳」を育てるのは「学校の勉強以外に知識欲のある子」にするのが目的です。「知識」とはテストでいい点を取るための知識ではありません。また、しつけやマナーといった世間体を気にするようなことでもありません。

言葉のやり取りは大脳新皮質で行われますが、やり取りとは「やり」だけではなく「取り」をすることです。ですから、言葉をインプットするというのは、情報を入れるという意味では大事ですが、子どもからアウトプットを引き出すことが最終的な目的になります。

私たちアクシスが言葉と言っているのは、「双方向のコミュニケーション」で、私が見ているとと親御さんは一方向のコミュニケーション、つまり、自分だけが言葉をどんどん伝え続けているコミュニケーションがすごく多いのです。これでは子どもの脳、大脳新皮質が育たないと言っています。

大事な情報はもちろん教えますし、子どもにとって新規の情報なのでインプットするのはいいのですが、最終的には自分の前頭葉ができたときに、自分で「こうだったかな」とアウトプットしていくことが目標です。

これは家庭の中でインプット→アウトプットという訓練のように、言語のやり取りをくり返していくことを実践するしかありません。

子どもの可能性は無限大です。どんなことにも興味を持ち、どんなことだってできる可能性を秘めています。「おりこうさんの脳」は、親御さんがその種まきをすることが役割だと思って、子どもがどんなことでも話す（アウトプットできる）子に育ててほしいと思います。

役割を与えることで信頼が生まれ、自己肯定感も上がる

第3項目の「親子がお互いを尊重して協力し合う体制をつくる」とは、「心配から信頼」へと変わることです。

わが子の「はじめてのおつかい」で生まれた信頼

これはあるお父さんの話ですが、テレビ番組の『はじめてのおつかい』を観て、息子にもおつかいをさせようと近くのスーパーに買い物を頼んだそうです。

当時4歳になったばかりの早生まれの息子は、まったく苦にすることなくおつかいに行くと言いました。そこでお父さんは「食パンとイチゴジャムを買ってきて」とお金を渡して子どもを送り出しました。

もちろん心配でなりません。当然、お父さんは息子のあとをそっとついて行きました。子どもは時折、道端にある草木やゴミに気をとられながらも元気にスーパーへと向かいました。そして、お父さんは陳列棚の陰から子どもの様子をうかがいま

した（怪しい大人ですが）。

するとその息子さんは、お菓子のコーナーからしゃがんだまま動かなくなりました。お父さんは「ああ、やられたな」と思ったそうですが、5分ほどすると彼はお菓子コーナーから立ち上がり、なんと食パンとイチゴジャムを無事に買い終えて家に向かったのです。

お父さんは先回りをして家で待っているふりをしたのは言うまでもありません。お母さんは夫と子どもの様子を知らんぷりしながら家にいたそうですが、子どもは一目散にお母さんのところへ飛んで行って「お母さん、買ってきたよ！」と自慢げに報告したそうです。

そのときの様子をお母さんが私に話してくれたのですが、「夫がテレビのマネをしたかっただけでしょうが、子どもの誇らしげな顔を見てこれまでの心配が少し減りました。子どもに何か任せても大丈夫なんだなと思えるようになりました」と、息子さんへの信頼度が増えたそうです。


これこそが「お互いを尊重して協力し合う体制」の第一歩と言えるでしょう。

私は**子どもに「家庭の中で役割を与える」ということを常々言っています。**子どもに役割を与えるということは、子どもを信頼するという意味のほかに、「家族は助け合って生きる」という軸をつくることでもあります。

このことは、ノーベル生理学・医学賞を受賞した、大学の同級生でもある山中伸弥君と対談した『山中教授、同級生の小児脳科学者と子育てを語る』（講談社＋α新書）でも述べたことですが、乗り越える力は「自己肯定感・社会性・ソーシャルサポート」という3つのパーツから成り立っています。

大人になってからでは自己肯定感は高めづらく、自分はダメな人間だと思うことで社会性も同様に上げていくのは難しくなります。そして、最後のソーシャルサポートというのは、「周りの人に助けられているということを実感する力」、すなわち「おかげさまで」と思える力になります。

親が子どもに役割を与えることで、家族の中で「あなたの存在が役に立って、私も助かっている」という「おかげさま」の気持ちが育ち、子どもの自己肯定感や社会性を高めてくれるのです。

子育てで疲れている親御さんに、「今日は仕事が忙しそうだったから、夕飯の味噌汁をつくっておいたよ」と言う子どものほうが、勉強ができる子よりもいいと思いませんか。

お互いが大変なときに**「助けて」と言えるチーム＝家庭は強いのです。**子どもにはぜひとも信頼して役割を与えてほしいと思います。

親は「ストレスだ！」と表明する姿を見せてよい

第4の項目は**「怒りやストレスへの適切な対処法を共有する」**です。ストレスの対処法というのはとても大切です。ストレスというのは誰にでもかかり、ストレスがない人間はいません。

そもそも動物にもストレスはかかります。ただ、動物のストレスは短期的に解消されるストレスです。たとえば、イノシシが歩いていたら向こうからライオンが来た、これがイノシシにとってのストレスです。数字で言うと90秒くらいで解消します。逃げるか、食われる前に戦うかしかないからです。

これが基本的なストレス対処法で、人間にもそれはあります。とくに脳の原始的な部分では、何かストレスがかかったときには自分で戦うか、逃げるかをしないといけなくなります。ですから、「からだの脳」の育ちの中では重要な部分ですが、さらに大脳新皮質である「おりこうさんの脳」があると、「これは私にとってめちゃくちゃよいストレスだ」と感知するか、「これは本当に嫌なストレスだ」と感知するか、そのストレスに対する判定が脳の中で下されます。

その判定によって、人間は対処法を考えていきます。嫌なストレスであれば、深呼吸をしたりしてその場を変えたりします。あるいはリラクゼーションを図り、映画を観に行ったり、おいしいものを食べたり、そういったことで嫌なストレスがかかってもそれが小さいうちに解消してしまいます。

逆によいストレスというのは、たとえば、「前期試験が明日からあるけど、この定期試験でいい成績を取ったら内申がめちゃくちゃよくなる。そうなったら僕は、もしかしたらあの学校に行けるかもしれない。よし頑張るぞ」といった、ストレスをやる気に変えるのがいいストレスの例です。

これは、まさに前頭葉の働きです。ですから、勉強ということは家庭生活の中で軸にはしないのですが、「勉強を自分の中でよいストレスとしてさらに頑張る」という状況をつくっていくことが目標になります。

このような、ストレスだけれども頑張るぞ、そして私はこの未来を手に入れるぞという変換は、人間しか取らないストレス対処法です。子どもがよいストレスをつくるということを想定して親は家庭生活を行っていくことが大切なのです。

具体的には**親御さんが、自分にストレスがかかったことを家の中で表明していくこと**です。真面目な親はこれが苦手です。

昔、国民的な大ヒットとなった『おしん』というドラマがありました。おしんの「しん」は辛抱の「辛」で、日本人は辛抱する民族、とくに家庭の主婦は辛抱してきました。でも、それは今の時代にまったくそぐわないものです。

それでも多様な要因でストレス社会にやられている大人がたくさんいます。将来、子どもたちもさまざまなストレスに対処していかなければならず、そのスキルを身につけられるのは家庭なのです。

だから、親御さんが「私は今、ストレスにさらされています。なので、対処としてこんなことをします」と言って解消し、「これをやったらめちゃくちゃ楽になった。やっぱりストレス解消は最強だ」ということを子どもにどんどん伝えていかないと、子どもは学べないのです。

子どもが解消法を学べば、たとえば「今日はちょっと喉が痛いような気がするから大事を取って学校を休むね」と言えるようになります。そして1日休んだら、「昨日、休んだから元気になったよ。今日は頑張って学校行ってきます」と元気に学校に行けるようになります。ある日気づいたら起き上がれない程の心身不調で長期欠席……という事態にはなりにくいはずです。

まずは親が実践して子どもに伝えることです。これが共有できれば脳はポジティブな感情に占められていきます。

一人で抱えず笑顔で任せてみる

第5項目の「親子が楽しめるポジティブな家庭の雰囲気をつくる」は、家庭に笑顔を増やすことです。「そんなことが大切なの?」と思われるかもしれません。

一生懸命につくり笑いをしようということではありません。それは子どもから見ても本当に怖いと思います。そのつくり笑顔の裏には、ダブルメッセージで負のメッセージが入っていることを子どもは察知しているからです。

ただ笑顔が子育てにいいことは脳科学の研究でも証明されつつあることで、私も家族の笑顔が増えることで子どもが改善していくということを何度も経験してきました。

起きた出来事をポジティブにとらえる脳とネガティブにとらえる脳では、前頭葉に大きな差があると言われています。前頭葉は「からだの脳」と「おりこうさんの脳」をつなぐ「こころの脳」に関係する部分です。前頭葉がポジティブに反応するには、常に親御さんがポジティブに子どもの脳を育てることが大切になってきます。

実は、そこを変えるだけで自分自身も楽になります。第3章でお伝えした、親が楽しいことをすれば子どもも楽しいといった感情は、このポジティブな環境をつくることから生まれてきます。

ですから、家事全般にしても「私がやる必要はないんだ。家族みんなでやればいい」と思えるようになります。ストレスで大変なときは、「もう今日は早く寝るね」と笑顔で言ってしまえばいいのです。

すると、子どもはそんな親の姿を見てもポジティブにとらえ、「寝ちゃうの？　しょうがないな。じゃあお皿を洗っておくよ」と、子どもが家事の役割を担ってくれるようになります。

そうやって家庭は回っていくし、世の中もそうやって回っていくのです。会社でも自分ひとりで仕事をする必要はないのですから、家族にも笑顔で任せてしまえばいいと私は思います。

具体的な実践例としては、「ネガティブをポジティブに変える思考転換」というものがあります。先ほども言った、同じことが起こった場合でもそれをポジティブにとらえるかネガティブにとらえるかで脳の働きが変わってきます。つまり、**ネガティブをポジティブに転換することで言葉や行動を変えていく認知トレーニング法です。**

たとえば、「今日は遠足の日だったのに、雨が降って遠足がなくなった」という事象があったときに、「ああ、子どもがあんなに遠足を楽しみにしていたのに。お弁当もつくったのにひどい」と怒るという認知でとらえて言葉にしてしまうことがあります。

それを「ああ、遠足でお弁当をつくったけど雨になっちゃったから、今日はおうちの中で一緒に食べられるね。うれしいよ」と言えば、子どもにすれば、遠足に行けないし、親は不機嫌だという事象が、遠足には行けないけど、遠足気分でお昼のお弁当が食べられる」と、同じ事象でもポジティブにとらえられるようになります。

そしたら子どものほうも、「じゃあ遠足みたいに、ちょっとお部屋にマットを敷こうかな」とか「じゃあ、おやつはどうしよう」とかと、ポジティブなほうに転化していくのです。そうした思考転換を親が子どもに見せていくと、子どもも自然とポジティブ転換ができるようになっていきます。ですから、そうした訓練は必要で、それを意図的にやっていくことです。

以上、私がアクシスでも行っている「ペアレンティング・トレーニング」について解説してきましたが、第6項目の「親はブレない軸を持つ」はもう説明はいらないと思います。

大切なのは、ブレない軸さえ間違わなければ、あとは子育てを楽しくやるかつらいと思うかの違いだけです。これまで、子育てがつらいといった親御さんたちが私のところに訪ねて来ましたが、ブレない軸があることでみなさんが安心して子育てができるようになっていきました。

親が子どもに過度に干渉しなくても、脳さえ育てれば子どもは素晴らしい大人に成長していきます。それを見事に体現してくれた親子がいます。

過干渉をやめて生活を変えれば、子どもは自然に自立していく

先日、小学2年生くらいのときから支援をしていた息子さんのお母さんが訪ねて来ました。息子さんが高校に入学できたという報告でした。

初めて訪ねて来たときは、子どもも小学校でいろいろと問題があって、もう不安で仕方がないという状態でした。私がまだ「ペアレンティング・トレーニング」を確立する前の話です。

怒られてばかりの子が、周囲に認められるように

当時そのお母さんは、子どもが学校から帰ってきたら付き添って勉強をさせ、何か少しでも悪い兆候があればガンガン叱っていくという、まさに悪いパターンの典型的な過干渉のお母さんでした。それでも子どもは反抗的だし成績も上がらないしで、母はさらにイラつき叱る。

でも子どもはまったくよくならないという悪循環で、そのときは「子どもを連れ

て私、死にたい」と発作まで起こったそうです。

お母さんは「もうとりあえず、私は手を引きます」と相談されたので、私はとにかく子どもにあれこれと何も言わないように変えてもらいました。その子は勉強をまったくしなかったのですが好奇心旺盛な子でしたので、とにかく生活習慣だけをつくり、あとのことはいっさい口にしないことを実践していただきました。

そのうち、その子は自転車で近所をグルグル回って、荷台に壊れたテレビやらガラクタを載せて帰ってくるようになりました。お母さんが「何それ?」と訊いたら、近所に庭にいろんな物が置いてある(捨ててある)家があって、そこの主のおじいちゃんと仲よくなってもらって帰って来たと言います。彼はそれを一生懸命に分解して、中の構造を調べるということを始めました。

中学に入ってからもお母さんは何も干渉しなかったのですが、「オレ、勉強する」と言い出して、テストの点もいつの間にか上がりました。また、彼は母も知らない間に自主的に中学校の玄関の掃除をし始めたそうです。面談の際には先生から、「どうやったら、おたくのようなお子さんに育つんですか」と驚かれたのです。お母さんは小学校で怒られてばかりだった子どもが褒められることにびっくりするばかりでした。

お母さんは子どもの生活習慣を変えただけです。でも、それだけでほかの子どもがやらないようなことをどんどん始めていく子に変わったのです。

彼はもうすぐ高校生になります。ロボットを作るために高専を目指して猛勉強をしています。

最近、お母さんと話をしたとき彼女は「自分の子どもなんですけど尊敬します。もう彼は私の手本です」と、少し恥ずかしそうに、でも自信に満ちた表情で話をしてくれました。


このような親子に長くかかわる中でよく彼らが口にするのが「支援者の存在は大きい」ということです。不安を抱えている人は常に1人で抱え込んでしまいます。とくに子育ては1人で抱え込むと視野が狭くなり解決策が見えなくなってしまいます。

ですから、信頼できる人を確保することも大事です。

この親子も母の実の両親との関係や経済状況など親子関係以外にも重層的な悩みを抱えていました。それらの交通整理をし、注力すべき問題を明確にするために支援者は役立ちました。子どもの脳がきちんと育ったことも大きかったです。小学校の頃は先生に呼び出されて謝るしかない日々でしたが、中学生になると子どもが自立して手がかからなくなり、彼女の仕事も順調にできるようになっていったのです。

それにより今は経済的にも自立しています。彼女は、自身が持っている資格では給料が不十分なので、子どもが高校に入ったらもう1つの資格を取るために通信制の大学で学ぶ計画を立てています。

それを息子さんに話したら「お母さんもちょっとオレを見習って勉強頑張れよ」と言われ、笑顔で「はい」と答えたそうです。

第6章

頑張りすぎているあなたへ

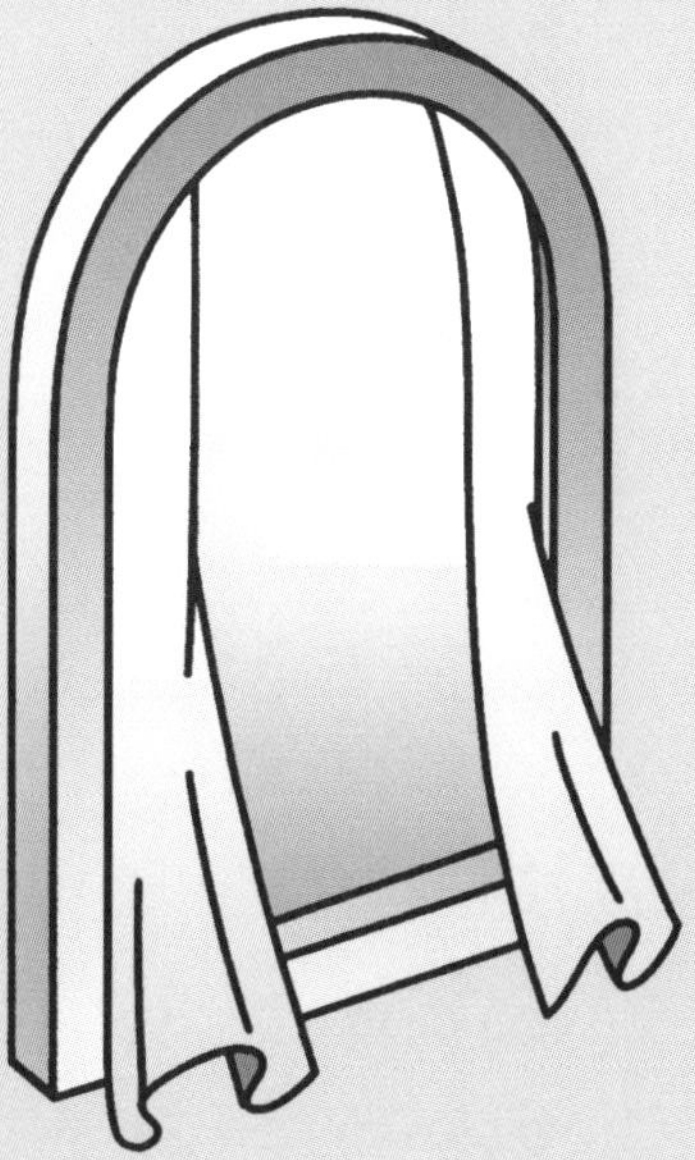

自分を回復する「家出のススメ」

子育ては正直つらいものです。心配は消えることはないし、これが本当に正しいのかと不安も消えることはありません。子どもが言うことを聞いてくれなければストレスはたまるし、つい怒ってしまうと自己嫌悪に陥ります。しかも、1人で子育てをしなければならない孤独も感じます。

でも、真面目で一生懸命だからこそ、自分の抱えるストレスに気づいてほしいと思います。私も子育てはかなりしんどいと思っていました。子どもが3、4歳くらいのときに**「これはストレスがたまっているわ」と感じたときは3泊4日くらい〝家出〟をしていました。**

「ちょっと、お母さんお休みします」と夫に伝えて、東京に出て遊びました。遊ぶと言っても1人で映画や演劇を観て、美術館や博物館に行ってと、一時だけ子育てを放棄して自分自身を取り戻していました。ご飯もホテルでおいしいものを食べたり、外に出かけて外食したりとホテルステイを満喫しました。

ですから、私はお母さん方に**「自分自身の疲れを自覚して回復することは大切です」**

と常々言っています。そして、できれば1泊2日、だめなら半日でもいいので「家出」をお勧めしています。私の場合は3泊4日ほど家を留守にしましたが本当に楽しくて、帰ってくると予想どおり夫が手に余る子育てをやっていて、子どもは大泣きなんかをしていました。

そのときは笑顔で「ありがとう。2人で頑張ってくれたからめちゃくちゃ楽しい家出ができました」と、感謝のひと言ですみました。

よく、お父さんに子育てを任せると子どもがかわいそうというお母さんがいます。私の家出のときもそうでしたが、帰ってみると子どもは大泣きしていて、ろくな物を食べさせてもらっていないで服も汚れたままだったりしました。それが許せないというお母さんは多いのですが、私はお父さんに任せていいと思います。

実際に、お父さんも子どもとの距離が縮まります。母抱え込みの育児を続けてきた家庭ではしばしば子どもが思春期くらいになったとき、「母と子どもたち」対「父親」という2項対立ができます。

こんな状態を予防するためにも、夫と共犯というか、夫婦折り込みずみで家出の機会をつくっていくこともやってみてほしいと思います。

今は育児休業を取れる会社が増えています。たとえば、夫に育児休業を取ってもらっている間に、たとえ家がひっちゃかめっちゃかになってもいいので、自分を回復させるために家を出て夫に全部任せてしまうのもいいでしょう。

よく聞くのが、夫が育児休業を取ったら「もう1人、子どもが増えただけ」という不満や、夫が家にいるだけでもっと疲れてしまうという声です。夫は子どもの面倒を見るという意識ですから、そのほかの洗濯や食事など家事はいっさいやらないため、見ていて余計にストレスがたまるらしいのです。そのうえ、「オレの飯はまだ？」と平気で言う夫もいるという冗談とも言えない話もあって、妻はストレスで限界なのです。

今はモデルケースがない「子育ての過渡期」

イクメンだとか育児休業だとか夫が育児に参加する必要性が高まっています。夫を擁護するわけではないですが、男性による育児は、一番世代間格差が大きくなってきた分野だと思っています。

お父さんたちも積極的に育児参加しようという意思はあります。育児を〝しなければならない〟という意識の時代はもう終わっていて、育児をしようとするお父さんが増えてきたのは間違いありません。

私の父親の世代はありませんでしたが、今の世の中の流れは、おそらく新しい改革が起こっているので、みんな惑っている段階なのだと思うのです。

ですから、コロナ禍でリモートワークも増えて、これがいい試金石になっているのかもしれません。アクシスに来るお母さんが「夫がリモートワークになって、えらい迷惑」とこぼすのもわりあい多いです。そこでいろいろな話を聞きますが、お父さんとしても惑っていると如実に感じます。

もし妻が外に出る仕事だったら、「家にいるんだから子どもの面倒見てよね」という思いになりますが、リモートワークになったとはいえ夫は仕事はしていて、たとえばリモート会議中にずっと子どもの面倒を見るわけにもいかない。でも、お父さんとして育児参加はしようという意思はあるので、結果としてすごく中途半端、かつ子どもから見ると軸がブレています。

仕事の合間、子どもの相手ができる時間はすごいベタベタと寄ってくるのですが、いったん会議などになると、子どもがちょっとドアを開けただけで怒ったり、会議中は大きな音を出すなと言ったりして子どもはテレビも見られないなど、何だかブレた子育てをしています。

日本の住宅事情といった悩みもあるのでしょうが、お父さんの子どもに対する軸がグラグラと揺れている様子が見て取れます。

これはモデルケースが存在しない、つまり上の世代にモデルがないので惑っているのです。それが今のお父さんたちの子育てだと思います。ですから、夫に育児休業を取ってもらって、完全に仕事がない状態で子育てを任せるといった荒療治を経験することでモデルケースも生まれてくる、そんな過渡期にあるのではないでしょうか。

「疲れている」と言って、「一生懸命」を脇に置いてみる

これからの時代はライフスタイルも昔とはまったく違ってきますから、家族のスタイルも新しく変わっていくべきです。この改革期は荒波のようなピンチかもしれません。でも、ピンチのときこそ真価が問われるものです。

そのときに子どもも含め「助けて」といつでも言える体制をつくっておく必要があり

ます。ピンチになると「私が頑張らなければ」と思ってしまうお母さんがいまだに多くいます。仕事から疲れて帰ってきても、「あと片づけは、私が全部しなきゃ」「食器洗いは全部、私がしなきゃ」「終わるまでは寝られない」と。

真面目で一生懸命な人によくあるのが、夜遅くまで仕事をして帰ってくる夫を待っているというケースです。

夫の帰宅が23時、24時だとすると、ついテレビを見ながらソファーでうたた寝をしてしまう。夫が風呂から上がって、私も寝ようと布団に入ってもソファーで寝てしまったからなかなか寝つけない。睡眠時間が短くなって体はどんどん疲弊していく……。

私はそんなお母さんたちをたくさん見てきました。

そんな方々に、私は「お父さんは放って寝ましょう。子どもと一緒に夜8時に寝ちゃいましょう」と言っています。夕食は冷蔵庫にでも入れてレンジでチンして食べてもらえばいいのです。

大事なのは、「私、疲れているから助けて」と平気で言えることです。

夫が早く帰れる日はみんなで食卓を囲めばいい。でも、意外とそういうふうにやっていると、夫の帰りもだんだん早くなります。ムダに残業していたのが、帰っても家族は寝ているし、子どもに会えないから早く帰ろうと定時で上がる日が多くなってきます。不思議なものですが、これは本当です。

お母さんが疲労困憊《こんぱい》なのに「助けて」と言えないのは家族とは言えません。「ペアレンティング・トレーニング」の第3項目に「親子がお互いを尊重して協力し合う体制をつくる」とありましたが、尊重し合うのは親と子だけではありません。夫婦（家族）が協力し合ってこそ子どもも成長していくはずです。

ときには夫婦喧嘩をするのもよいこと

子どもも同じですが、本音や「助けて」と言えない家庭は親自身もつらいだろうと思います。とくに、夫婦の間でお互いに本音を出せない家庭は本当に多く、「さすがにそこまで言えません」というお母さんばかりです。

実際に、夫婦仲が冷え切っていて、「お互いに話したいことは1つもないし、本当は大喧嘩したいのだけれど、子どものためにご飯を食べているときはニコニコして会話をしています」といったご夫婦がいました。

これは子育てにとってはマイナスです。殴り合いの喧嘩はダメですが、むしろ夫婦が口喧嘩をする姿を子どもに見せることによって、子どもは意外と安心します。

たいていの場合、口喧嘩をすると夫は妻に勝てません。男性は意外と口下手な人も多いので、言葉で勝てないと手が出たりするのもそのためです。

たとえば夫の、「おまえがちゃんと食事をつくらないから、オレは家に帰ってこないんだ」というわけのわからない論理（？）に対してどう言い返すか、どう論理で言い返すかを瞬時に考えて言葉を返さないとなりません。

「つくっておいたって何時に帰るという連絡もなく勝手に飲み会に行って、つくったご飯がムダになったのが〝先週3回もありました〟」と証拠を突き付けて言い返すと、おそらく夫は反論できません。

こうした言葉の応酬は、高度な前頭葉がフルに稼働します。しっかり過去を記憶して、それを論理的にまとめる力だからです。しかも、〝夫婦喧嘩は犬も食わない〟ということで、1日経ったら何ごともなかったようにお互いにしゃべっているものです。

「おまえがそういうふうに言うから、今日はちゃんと連絡して帰ってきたぞ」と偉そうに言っている夫に、「あれ？　今日は連絡があったのね。ちょっとスマホを見てなかったから、ご飯ないわ」と言ってみたりする姿を子どもに見せる。つまり、**毎日の生活の中でいろいろなことが起こっているということを見せることによって子どもは安心するのです。**やはり嫌なことも含めて、子どもの前でオープンに言葉のやり取りをしている状況が大事なのです。

子どもは親同士が喧嘩している姿を見て、「別れるのかな……」と、ちょっと不安になるかもしれません。でも、次の日になって2人が平然と会話をしていると、「夫婦ってこんなもんなのか」「喧嘩ってこんなものなのか」と考えて、それが応用編になって自分に生かすようになります。

たとえば、夫が靴下を脱いだときに裏返しのまま脱いでいることが不満だとしても、それだけで夫の人格まで全否定しているわけではないでしょう。その行動が嫌だと言っているだけであって、こうしたことを喧嘩で子どもに伝えることで、子どもの社会性が生まれます。

友達同士で口喧嘩をしたときも、そのときは嫌な気持ちになって、もうこいつとは絶交になるかもしれないと思っていても、しばらくすると、どちらからともなく普通に戻っていたりします。結果、「喧嘩ってこういうもんなんだな」と実感するのです。

今の子どもたちは、そういった訓練をされていないので、一度喧嘩をしただけで落ち込んで、それだけで不登校になってしまいます。そういう子どもは本当にいました。

友達との喧嘩で、1つ何かを否定されるような言葉を言われただけで、「僕は全部嫌われたんだ」と言う子どもがいました。やはりその家庭は夫婦が表面上の笑顔で喧嘩はしない家庭でした。

家庭は社会の縮図です。一番小さな社会単位ですから、その社会にもいろいろな人間がいて、1人の人間でも多面性があって、その中でお互いが折り合いをつけながら生きています。嫌なときもあるけれど、ここが好きだな、だから一緒に暮らしていこうというのが家庭です。

すべてが好きになんてならないのが普通なのです。喧嘩も家庭の中で学んでおくことは、〝のちの身を助く〟ですので親も楽。全部見せていいと思うほうが圧倒的に楽なのです。

ダメな自分もOK

真面目な親御さんは一生懸命なのだけれど、結果として、子どもの自己肯定感を下げてしまっている方が多くて、とても残念です。

自己肯定感というといいところを探して、それを自信に変えること、と思う方が多いです。でもそうすると、「いいところが全然見つからないから私はダメだ、全然いいところなんかないです」と言う人が、真面目な人ほどたくさんいます。

でも私は、**「自己肯定感って、自分ってできないんだなということを認めることなんです」とよくお話しをします。それはすなわち『自分ってダメじゃん』っていうところもひっくるめて、自分というものはこんなもんだな」と、ダメな自分を認めてしまうことなのです。**

頑張っている自分は偉いとか、自分って素敵とか、自分は完璧とか、そう思うことが自己肯定感ではなくて、ダメな自分を含めて認める。そういう自分として人生の中に落とし込んでいくことだと思っています。

私もダメな部分はたくさんあります。字が汚くて結婚式の祝儀袋はいつも誰かに書いてもらいます。機械が苦手でファクスもスタッフに頼みます。すごくおっちょこちょいでお米を床にぶちまけたり、時には卵を10個いっぺんに床に落として割ったりします。もう最近では、私が「わぁー」と声を出すと、娘が勢いよく走って来て「よしよし。はい、お母さんはちょっとどいといて」と言って片づけてくれます。苦手なシャンプーの詰めかえも「お母さんがやると失敗するから、いいから置いといて。私がやるから」と言われて、私は「それは助かる」と言っています。

結局、ダメな自分を認めているから「助けて」と言いやすくなるのです。

つまり、「ダメな自分もＯＫ」というメッセージを投げかけることで「ダメでいいんだ」というふうに子どもが育っていくのです。

本当の自分を出していけば、子育ては何の問題もありません。「お母さんはそれがダメでしょう。じゃあ代わりにやってあげるよ」というふうに家庭の運営は楽に回っていきます。子どもが勝手に家族の役割を担ってくれる。たとえ勉強ができなくても最高の子どもではありませんか。

子育てとは「子どもの旅立ち」と同時に「親の旅立ち」でもある

この本もついに最後になりました。いつも真面目に一生懸命に頑張ってしまうあなただからこそ、子どもを第一に考え、時には叱り、時には励ましながら突っ走ってきたと思います。

本当の自分をどこかに置いて、気がつけば自分の親と同じように子どもを育ててしまっていた自分。今のやり方ではうまくいかないとあらゆる情報をネットで検索する自分。その昔、夢中になったことを忘れてしまった自分……。

もうそんな自分はおしまいです。この本でお伝えしてきたとおり、子育ては子どものためにあるのではなく、あなたを変えるためにあるのです。

私の母親は、子どもの教育以外に無関心な親で、しかも勉強に関しては叱るだけで褒めたことは一度もありませんでした。わが子の体調が悪いときでも体の心配をするでもなく、関心は勉強が遅れるといった心配と叱責でした。

そんな母親に疑問を持ち、中学生の頃には「親子とはいったい何だろう」と考え、それについて理解を深めようとしました。あのときの思いの延長が小児科医、発達脳科学者としての今に至っているのだと思います。

あのときの私は、この親子関係から解かれて、少しでも早く大人になりたかったのだと思います。アメリカという遠く離れた国に思いを寄せる少女であったことは本文の中でお話ししてきましたが、実はもう1つ私の屋台骨になっているものがあります。

それは中島みゆきさんの『小石のように』という曲です。

この曲は、若者への応援歌ですが、思春期の子どもは親の言うことを聞かないけれど、子どもはちゃんと社会に揉《も》まれ小石から砂利になって砂になってまた山へと還っていくという壮大なストーリーです。

中学生のとき、親というものはこういうスタンスでなければいけないと思って聴いていました。過干渉で接しても絶対にうまくいかないから、小石の子どもを川に転がして下流まで行くうちに、小さくなっていくけど最後は親のところに戻って来る。それが親の役割なんだと解釈していました。

この曲は、中学時代から今でも、それこそ1万回以上と聴き続けています。中学時代に感じたこと、そして今感じていること、聴くたびにさまざまな感情が押し寄せますが、子育てって親と子がいないと成り立たないものだという当たり前のことを思い出させてくれます。
真面目に一生懸命に頑張っているあなたへ。最後にこの曲を贈ります。

『小石のように』（作詞・作曲　中島みゆき）

山をくだる流れにのせて　まだ見ぬ景色あこがれ焦がれ
転がりだす石は16才　流れはおもい次第

旅をとめる親鳥たちは　かばおうとするその羽根がとうに
ひな鳥には小さすぎると　いつになっても知らない
おまえ おまえ 耳をふさいで　さよならを聞いてもくれない
とめどもなく転がりだして　石ははじめて　ふりむく

川はいつか幅も広がり　暗く深く小石をけずる
石は砂に砂はよどみに　いまやだれにも見えない
おまえ　おまえ　海まで百里　坐り込むにはまだ早い
石は砂に砂はよどみに　いつか青い海原に
おまえ　おまえ　海まで百里　坐り込むにはまだ早い
砂は海に海は大空に　そしていつかあの山へ
砂は海に海は大空に　そしていつかあの山へ

おわりに

最後までお読みいただきありがとうございます。

ここで数年前のあるエピソードをお伝えできたらと思います。私は子育て支援のほかに大学教授として、学校の先生などを目指す学生の卒論ゼミの指導もしています。

そのゼミでの出来事です。1人パワーポイントなどのソフトをうまく使えないため、まとめるのに時間がかかる学生がいました。私はチームで協力しあうように言いましたが、提出期限を迎えて彼女が出していないことにオンライン上で気づいても、他のゼミ生は誰一人、助けよう・手伝おうとしません。自分の論文は着実に完成させ提出し終わっているにもかかわらず、です。

「提出期限までに書けない子に問題がある」と思ったかもしれません。常識で言えばそのとおりなのでしょうが、最近こういったことが多く悲しい気持ちになります。

今は自己責任主義が蔓延《まんえん》していて「自分ですべてやる。誰かにやってもらうこと、やってあげることは後回し」になりすぎてはいないでしょうか。そういった風潮が、親御さんの「他人に迷惑をかけてはいけない、完璧に育てなくては」というプレッシャーを強くしてしまっていると感じます。

誰かの手助けができることは、ときに課題の〆切を守るよりも、人生を生きやすくしてくれるのですが。

この本の中でも、「ダメな自分もＯＫ」と認めてあげて、本当の自分を出して助けを求めてよいということを述べました。そして、私はかなりおっちょこちょいな性格だということもお伝えしました。

ある講演会で福岡に出張に行ったときのことです。講演で何を話そうかと思いをめぐらせていたのでしょう。〝ゴロゴロ〟のことをすっかり忘れていました。空港に着いたときにキャリーケースを車のトランクに置いたまま来てしまったことに気づいたのです。そうとう焦ったのか、私はアクシスへ電話をしました。するとスタッフの1人、上岡が電話に出ました。

「車のトランクにゴロゴロを置き忘れて空港に来ちゃった！」

すると彼は冷静に、「着替えとかは現地で買うしかないですよ。私でもどうすることもできませんから。それに今仕事中です……」と、あっさりと言いました。

彼の言うとおりです。私の車からどうやってキャリーケースを届けるのか、彼に言っても仕方がありません。私はセカンドバッグひとつで飛行機へ搭乗しました。でも、そのときに思ったのです。「バッグひとつで飛行機に乗るなんて、なんか芸能人みたい」と。

一事が万事こうですから、上岡は私の性格を完全に熟知しています。私は朝、アクシスに着くと「最近読んだこんな本がね……」とか「昨日観た映画なんだけど……」と、とにかく話がしたくてうずうずしているのですが、「そろそろ仕事ですから……」と軽くいなされてしまいます。だから、その日の朝に訪ねて来た親御さんに、私のグチを聞いてもらおうとするのです。

アクシスに初めて来る親御さんは、私に対してほとんど身構えるのですが、私とスタッフのこんなやり取りを目の前にして緊張がほぐれるのでしょう。子どもの話だけでなくご自身の悩みもたくさん話してくれます。そんなとき、やっぱり自分らしさって大事だなと思うのです。

みなさんの悩みを聞いていると、私の本当の役割は子どもを救うのではなく、親御さんを救うことなのかもしれないと思ってしまいます。「親が変われば子どもが変わる」と言いますが、本当は苦しんでいる親御さんたちを元気にすることで、子育ての悩みはほとんど解決するのかもしれません。

親御さん自身が不安から解放されて、自分だけの新たな親子関係ができることを願っています。

2024年新しい出会いの季節に

成田奈緒子　なりた なおこ

発達脳科学者・小児科医・医学博士。公認心理師。子育て科学アクシス代表。1987年神戸大学卒業後、米国セントルイスワシントン大学医学部や筑波大学基礎医学系で分子生物学・発生学・解剖学・脳科学の研究を行う。2009年より文教大学教育学部教授。臨床医、研究者としての活動も続けながら、医療、心理、教育、福祉を融合した新しい子育て理論を展開している。

著書に『子育てを変えれば脳が変わる　こうすれば脳は健康に発達する』（PHP研究所）、『誤解だらけの子育て』（扶桑社）、『「発達障害」と間違われる子どもたち』（青春出版社）、『高学歴親という病』（講談社）など多数。

気づいたら、親と同じことをしている

苦しかった「親の子育て」をくり返さない方法

2024年4月30日　第1刷発行

著　者　**成田奈緒子**
発行人　**見城 徹**
編集人　**中村晃一**
編集者　**岩堀 悠**
発行所　**株式会社 幻冬舎**
〒151-0051
東京都渋谷区千駄ヶ谷4-9-7
電話　03(5411)6215(編集)
　　　03(5411)6222(営業)

ブックデザイン　アルビレオ
カバーイラスト　millitsuka
編集協力　稲川智士

印刷・製本所　**近代美術株式会社**

ISBN978-4-344-79190-9 C0036
ホームページアドレス https://www.gentosha-edu.co.jp/

この本に関するご意見・ご感想は、
下記アンケートフォームからお寄せください。
https://www.gentosha.co.jp/e/edu/